影响世界的名人

陈渔 杨林 编著

吉林人民出版社

图书在版编目(CIP)数据

影响世界的名人/陈渔,杨林编著. -- 长春:吉林人民出版社,2012.4
(看世界丛书)
ISBN 978-7-206-08780-6

Ⅰ.①影… Ⅱ.①陈… ②杨… Ⅲ.①名人-生平事迹-世界-青年读物②名人-生平事迹-世界-少年读物 Ⅳ.①K811-49

中国版本图书馆CIP数据核字(2012)第071329号

影响世界的名人
YINGXIANG SHIJIE DE MINGREN

编　　著:陈渔 杨林
责任编辑:周立东　　　　封面设计:七　洱
吉林人民出版社出版 发行(长春市人民大街7548号　邮政编码:130022)
印　　刷:北京市一鑫印务有限公司
开　　本:670mm×950mm　　1/16
印　　张:13.5　　　　　字　　数:200千字
标准书号:ISBN 978-7-206-08780-6
版　　次:2012年7月第1版　　印　　次:2021年8月第2次印刷
定　　价:48.00元

如发现印装质量问题,影响阅读,请与出版社联系调换。

政治领袖

- 梭伦 ………………………………………… 001
- 亚历山大 ……………………………………… 002
- 恺撒 …………………………………………… 004
- 查士丁尼一世 ………………………………… 005
- 约翰王 ………………………………………… 007
- 克伦威尔 ……………………………………… 008
- 彼得一世 ……………………………………… 010
- 乔治·华盛顿 ………………………………… 012
- 拿破仑 ………………………………………… 013
- 林肯 …………………………………………… 015
- 亚历山大二世 ………………………………… 016
- 马克思 ………………………………………… 018
- 明治天皇 ……………………………………… 020
- 列宁 …………………………………………… 022
- 丘吉尔 ………………………………………… 023

军事统帅

- 大流士一世 …………………………………… 025
- 斯巴达克 ……………………………………… 027
- 查理大帝 ……………………………………… 028
- 爱德华三世 …………………………………… 030
- 威灵顿 ………………………………………… 031
- 格兰特 ………………………………………… 033
- 麦克阿瑟 ……………………………………… 034
- 伏龙芝 ………………………………………… 036
- 巴顿 …………………………………………… 037
- 蒙哥马利 ……………………………………… 039

目录 CONTENTS 2

邓尼茨 ·················· 040
隆美尔 ·················· 042
朱可夫 ·················· 044

思想圣哲

柏拉图 ·················· 045
亚里士多德 ·············· 047
托马斯·阿奎那 ·········· 049
哥白尼 ·················· 051
弗兰西斯·培根 ·········· 052
牛顿 ···················· 054
伏尔泰 ·················· 055
狄德罗 ·················· 057
康德 ···················· 059
黑格尔 ·················· 060
达尔文 ·················· 062
尼采 ···················· 064
弗洛伊德 ················ 066

文学大师

荷马 ···················· 067
但丁·阿利盖利 ·········· 069
莎士比亚 ················ 070
歌德 ···················· 071
乔治·戈登·拜伦 ········ 073
普希金 ·················· 074
巴尔扎克 ················ 076
维克多·雨果 ············ 077
托尔斯泰 ················ 079

马克·吐温	080
泰戈尔	082
弗兰兹·卡夫卡	083
欧内斯特·米勒·海明威	084

科技精英

伽利略	086
哈维	087
瓦特	089
法拉第	090
诺贝尔	092
伦琴	093
爱迪生	095
巴甫洛夫	096
弗莱明	098
莱特兄弟	100
爱因斯坦	101
霍金	103
比尔·盖茨	104

杰出女性

玛格丽特一世	106
贞德	107
伊丽莎白一世	109
叶卡捷琳娜二世	111
燕妮·马克思	112
维多利亚女王	113
佛罗伦萨·南丁格尔	115
玛丽·居里	116

罗莎·卢森堡	118
海伦·凯勒	119
卓娅	121
撒切尔夫人	122
希拉里·克林顿	124

商业巨子

维尔纳·冯·西门子	125
卡内基	127
约翰·皮尔庞特·摩根	128
洛克菲勒	129
卡尔·本茨	131
皮埃尔·杜邦	132
康拉德·希尔顿	134
阿曼德·哈默	135
盛田昭夫	137
皮尔·卡丹	138
乔治·索罗斯	140
沃伦·巴菲特	141
迈克·戴尔	143

艺术巨匠

达·芬奇	145
米开朗琪罗	146
大卫	148
莫扎特	149
贝多芬	151
肖邦	152
施特劳斯	154

库尔贝	156
罗丹	157
马奈	158
塞尚	160
凡·高	162
柴可夫斯基	163
乌兰诺娃	165
邓肯	166
希区柯克	168

影视明星

查里·卓别林	169
克拉克·盖博	170
琼·克劳馥	172
凯瑟琳·赫本	173
英格丽·褒曼	175
格里高利·派克	176
马龙·白兰度	178
玛莉莲·梦露	179
奥黛丽·赫本	181
伊丽莎白·泰勒	183
阿兰·德龙	184
简·方达	186
阿诺德·施瓦辛格	187

体育名将

皮埃尔·德·顾拜旦	189
杰西·欧文斯	190
拉里莎·拉蒂尼那	191

目录 CONTENTS 6

贝利 …………………………………… 192
穆罕默德·阿里 ……………………… 193
鲍勃·比蒙 …………………………… 194
维克多·克罗沃普斯科夫 …………… 195
玛蒂娜·纳芙拉蒂洛娃 ……………… 197
玛丽塔·科赫 ………………………… 198
格里菲斯·乔伊纳 …………………… 199
纳迪亚·科马内奇 …………………… 200
迈克尔·乔丹 ………………………… 201
迈克尔·舒马赫 ……………………… 202
大卫·贝克汉姆 ……………………… 203
泰格·伍兹 …………………………… 204
斯维特兰娜·霍尔金娜 ……………… 205
迈克尔·菲尔普斯 …………………… 206
玛利亚·莎拉波娃 …………………… 207

梭 伦

首席雅典执政官，实行"梭伦改革"

生卒年：约前638—前560
国　籍：古希腊
出生地：雅典
身　份：贵族
家　庭：首席执政官
志　趣：政治

梭伦生于雅典，出身于没落的贵族家庭。年轻时因家贫一面经商，一面游历，到过希腊、埃及和小亚细亚许多地方，漫游名胜古迹，考察社会风情。和一般新兴的工商业奴隶主的政治观点很接近，也比较了解自由民的疾苦。梭伦是古代雅典的政治家，立法者，诗人，是古希腊七贤之一。曾用诗歌对贵族的贪婪、自私和傲慢等给予谴责。因此，在平民心目中，他是一个受欢迎的革新人物。他所处的时代，是雅典动荡欲变的时代。前594年出任雅典城邦的第一任执政官，赋予他"修改或保留现有法律及制定新法律"的绝对权力。适应变革的要求，梭伦制定法律，进行大规模的改革，史称"梭伦改革"。

约公元前8世纪，雅典国家开始形成。新成立的雅典国家还保存着不少氏族制度的残余。掌握国家权力的主要是执政官和贵族会议，国王和公民会议都没有实权。

公元前6世纪初，雅典工商业已开始发展，出现了新兴的工商业奴隶主阶层，他们也反对贵族的专政。而此时雅典的阶级关系已极度紧张，自由民下层正在酝酿武装起义，贵族阶级大为恐惧。公元前594年，贵族被迫同意由倾向平民的梭伦担任首席执政官，梭伦改革的内容包括很多方面。

在经济方面，他颁布了"解负令"，废除了与人身抵押有关的所有债务，同时废除债务奴隶制，由国家赎回因欠债而被卖到外邦为奴的人，并永远禁止以自由民人身作债务抵押。他还鼓励工商业和对外贸易，规定手工业者必须世代传习技艺，奖励外地工匠移居雅典，发展橄榄油输出，禁止谷物外销，并推行货币改革，以扩展对外贸易。还颁布了"土地最大限度法令"，以限制贵族继续占有农民的土地；并承认财产继承自由。

在政治方面，废除德拉古制定的残酷法律，只保留关于谋杀的部分；按财产的多少把全体雅典公民分为4个等级，不同等级的公民享有不同的政治权利。第一级、第二级（称为"骑士"）公民可担任包括执政官在内的最高官职；第三级（称为"兵士"或"牛轭级"，即能自备牛车者）可任低级官职；第四级（称为"雇工"）则不能担任任何官职。这一措施打击了贵族依据世袭特权垄断官职的局面，为工商业奴隶主开辟了取得执政权力的途径。

梭伦恢复了公民会议和400人会议。恢复公民大会作为国家最高权力机关。在贵族会议之外设立四百人会议管理国家，前三等级公民才可参加。各级公民都有权参加。此外，还建立公民陪审法庭。凡公民都有权担任陪审员参与审理案件。

梭伦改革是雅典城邦历史发展中的重要里程碑，奠定了雅典民主政治的基础，有助于工商业的发展，调整了公民集体内不同阶层之间的利益关系，使自身从事劳动的中、小所有者公民在经济、政治和社会上的地位得以保证。

亚历山大

马其顿国王，开辟了"希腊化时代"

生卒年：前356—前323
国　　籍：马其顿

出生地：佩拉
身　份：国王
家　庭：马其顿国王

　　亚历山大，古代马其顿国王，世界古代史上著名的军事家和政治家。欧洲历史上最伟大的军事天才，马其顿帝国最负盛名的缔造者。他足智多谋，雄才伟略，骁勇善战，在统治马其顿王国的短短13年中，以其雄才大略，东征西伐，领军驰骋欧亚非三大陆。创下了前无古人的辉煌业绩，促进了东西方文化的交流和经济的发展，使古希腊的文明发扬远播，对人类社会的进展产生了重大的影响。

　　亚历山大从小兴趣广泛、聪明勇敢，12岁时曾驯服过许多骑手不能驾驭的烈马。父亲对他非常赞赏。

　　国王专门为儿子请来希腊哲学家亚里士多德为其授课。亚历山大从13岁起，一连3年有幸得以与这位历史上最伟大的贤哲朝夕相处。亚里士多德不仅教授亚历山大哲学、科学等方面的知识，而且还培养了他对国家和民族的崇高信念。

　　亚历山大从16岁起就跟随父亲南征北战，这也培养了他建功立业和统治世界的志向。公元前336年腓力普二世遇刺身亡，20岁的亚历山大登上王位，并迅速平定了因父王突然去世而爆发的内乱。

　　为了维持庞大的军队以及镇压希腊各城邦的反抗运动，也为了实现自己征服世界的野心，他把目光锁定在领土辽阔、资源丰富的波斯。

　　公元前334年的春天，他以继承父志为名，对东方发动了开始了长达10年的东征之战。行前，他把自己的所有的财产都分赠给人。一位大臣不解地问："请问陛下，您把财产分光，给自己留下什么？""希望。我把希望留给自己，它将带给我无穷的财富！"将士们被他的雄心所激励，决心追随他去掠夺更多的财富。

　　亚历山大率领部队首先占领了小亚细亚，消灭了少量的波斯军队，然后又挥师北上，向叙利亚进军。在伊苏城他打败波斯王大流士三世。看着大流士豪华的宫殿，他感叹道："这样才像个国王！"

　　公元前332年，亚历山大占领了埃及，在尼罗河口，他亲自选址建立了以他名字命名的"亚历山大城"，旋即又攻陷了巴比伦。公元前327

年他入侵印度，因遭到抵抗，加之士兵水土不服、厌战情绪高涨，才结束了远征。

经过近10年的军事远征，亚历山大在辽阔的土地上建立起一个地跨欧、亚、非三洲的马其顿帝国。

公元前323年，年仅33岁的亚历山大突然病死。

恺 撒

罗马执政官，终身独裁者，号称"祖国之父"

生卒年：前100—前44
国　籍：古罗马
出生地：北非突尼斯东北部
身　份：终身独裁官
家　庭：贵族
志　趣：天文、历史、军事

恺撒大帝，古罗马共和国末期杰出的政治家、军事统帅。他带兵打仗几十年，指挥过几十个战役，大都是以少胜多，出奇制胜。他的战略思想和战术原则为西方许多著名军事统帅诸如拿破仑等所效法，对西方军事学相应措施发展做出了杰出的贡献。他曾与幕僚共同著书立说，主要有《高卢战记》《内战记》《亚历山大战记》《阿非利加战记》等。

盖乌斯·尤利乌斯·恺撒出生于古罗马的名门望族之家，父亲曾任行政长官，在恺撒15岁时去世。恺撒少年时期就有非凡的抱负和志向，幻想着权力和荣誉。在他的姑夫罗马民主派领袖马略的提携下，13岁时当选为朱庇特神的祭司。

公元前83年，共和派领袖苏拉担任执政官。前87年，苏拉率领数万大军杀回罗马，大肆捕杀民主派人士，并宣布马略及其支持者为"罗马公敌"。恺撒的处境岌岌可危，只能四处躲藏。

公元前78年，苏拉去世，恺撒回到罗马。前73年，恺撒在军队中担任军团司令官；前68年任财务官。

公元前62年，恺撒任大祭司和行政长官。行政长官任期满后，又出任西班牙总督。在西班牙任职期间，他率军征服了许多部落，扩大了罗马的疆域。

公元前60年恺撒载誉回到罗马，与庞培、克拉苏秘密结成前三头同盟，恺撒在民众中享有很高的威望。公元前59年，恺撒就任执政官，期满后又出任高卢总督。花了八年时间征服了高卢全境（大约是现在的法国），还袭击了日耳曼和不列颠。

公元前49年1月7日，元老院宣布恺撒为公敌，授权庞培保卫共和国。10日，恺撒率军以迅雷不及掩耳之势进攻罗马，庞培逃往希腊。公元前48年6月，恺撒和庞培在希腊境内的法萨卢展开大战，庞培被彻底击败，逃往埃及，途中被人杀死。恺撒班师回到罗马，被推举为"终身独裁者"，号称"祖国之父"。

执政后，恺撒立即着手改造共和国。首先，他推行政治集权化，集政、军、司法三权为一身，把元老院降为咨询机构，使国民大会形同虚设，这都为后来的继承者把罗马从共和制变为帝制开辟了道路。其次，他提高了意大利各城市和各行省的地位，把公民权大规模地授予行省居民。此外，他还赦免了大部分庞培的支持者。制定了《儒略历》。

恺撒的独裁引起元老贵族的极度不满，他们怀念旧制度，视恺撒为暴君。公元前44年3月15日，恺撒被贵族共和派布鲁图斯等人在元老院议事厅刺死。随后，其义子屋大维即位。

查士丁尼一世

拜占庭帝国皇帝，主持编撰了罗马法典《民法大全》

生卒年：483—565

国　籍：拜占庭
出生地：陶莱索（今南斯拉夫境内）
身　份：皇帝
家　庭：农民

查士丁尼出生于前南斯拉夫一个农民家庭，受过良好的教育。是东罗马查士丁一世的侄子。518年被指定为继位人。查士丁没有后嗣，527年，选查士丁尼与他共同执政，授予奥古斯都尊号。当年，查士丁去世，查士丁尼成为唯一的皇帝。

查士丁尼即位不久，君士坦丁堡于532年爆发了声势浩大的"尼卡"起义。他依靠大将贝利撒留的雇佣军血腥镇压了起义。查士丁尼渴望恢复昔日罗马帝国的全盛局面，重建一个政治上、宗教上双重统一的罗马帝国。

533年，查士丁尼不惜向伊朗纳金求和，集中全力征服西方。534年，他派贝利撒留进攻北非的汪达尔王国，当年就灭了这个昙花一现的国家。535年，贝利撒留又攻占意大利的东哥特王国，555年灭掉了东哥特王国。同年，还利用西哥特王国的内讧，出兵占领了西班牙的沿海地区。随后，科西嘉、撒丁尼亚、巴利阿利群岛以及达尔马提亚等地，也先后并入拜占庭版图。

查士丁尼一世非常重视法律文献的整理和汇编。528年下令编纂法典，组成以法学家特里波尼安为首的法典编纂委员会。通过对400多年来罗马历代元老院的决议和皇帝的诏令进行编辑。529年，编成《查士丁尼法典》，共12卷（现存9卷）。以后又编成《法理汇要》，包括历代法学家对法律的解释；《法学总纲》，简要阐明法学原理，作为学生学习法律的教材；《法令新编》，汇集了查士丁尼在534年以后颁布的法令。以上4部被后人统称为《民法大全》。查士丁尼自始至终关注和过问编撰委员会的工作，有时亲自参与讨论并裁决分歧。所编纂的法典在他即位期间得到了实施。后来成为欧洲许多国家制订法律的蓝本。也许没有哪一部法典对世界有这么持久的影响。

此外，查士丁尼还花费很大精力进行行政改革，如反对政府腐败等。在他的倡导下，兴建或修复了许多城堡、修道院和教堂，其中包括君士坦丁堡的圣索菲亚大教堂。

查士丁尼严格监察各省总督，并进行一些行政改组，并且知人善任。他有宏大的建筑规划，重建城市，开辟输水管道，加固防御工事，建造孤儿院、旅店、大教堂等。晚年很少过问朝政，一心研究神学。565年11月14日去世。

约翰王

英格兰国王，在位期间签署了《自由大宪章》

生卒年：1164—1216
国　籍：英格兰
出生地：牛津
身　份：国王（在位1199—1216）
家　庭：皇族

外号"无地王约翰"，英国历史上最著名的国王之一。约翰是亨利二世的幼子，1189年，其兄理查即位后，封他为莫尔坦伯爵。

约翰从小受到过分的宠爱，养成了多疑善妒、贪得无厌、反复无常、刚愎自用等复杂的性格。理查参加十字军东征时，约翰曾向他保证在他未回国之前，绝不进入英国。但当1190年10月，理查王立其弟杰弗里的儿子亚瑟为继承人时，约翰马上背约回到了英国。1192年，理查王被囚禁在德国时，约翰勾结法国国王腓力二世，企图夺取王位。但很快被坎特伯雷大主教、摄政瓦尔特镇压下去。1194年，理查回国后，将约翰放逐并收回了他的领地。不久，理查与他和解并发还了他的领地。1199年4月，理查在临终前，宽容地让曾背叛过自己的约翰为继承人。

1199年5月，约翰与妻子离婚，1120年与法国吕尼济昂家族于格九世的未婚妻结婚。于格不堪受辱，遂向国王腓力二世求助，要讨还公道。1202年，腓力二世传讯约翰，但约翰拒绝接受这样的审讯，腓力便借机剥夺约翰在法国的领地，夺得了诺曼底等地，并把一些领地送给了亚瑟，亚瑟表示向腓力效忠。1203年，约翰杀死了亚瑟。

1202年4月，腓力二世向约翰宣战。1203年底，诺曼底的大部分都已纳入法国的版图，约翰只保留了阿奎丹和波瓦图，后来连这两块地方也丢失了。

1205年，摄政瓦尔特去世，约翰开始为所欲为。1207年，在选择坎特伯雷大主教继承人的问题上，他与教皇英诺森三世发生冲突，教皇宣布停止英国教会的宗教活动，开除他的教籍，5年后又说服法国国王对英国宣战。1213年，毫无作战准备的约翰只好屈服，接受了教皇指派的兰顿大主教，同时每年向教皇缴纳大量的供品。为此，约翰巧立名目，横征暴敛，除了向市民、商人搜刮以外，还设法掠夺诸侯贵族们的财产。因此，多数贵族不信任国王，甚至对他深恶痛绝。

为了反对国王的武断专横，诸侯们建议确立一种实行限制与平衡国王权力的制度，并决定用武力对付国王。1215年5月，各路诸侯集结部队向伦敦进发，内战开始了。此时，除了雇佣兵，没有人再帮助国王去打仗。约翰走投无路，于6月15日被迫在泰晤士河畔的兰米尼德草地与诸侯举行会谈，并在诸侯们事先拟好的"自由大宪章"上签了字。4天后，《大宪章》正式生效。

"自由大宪章"共有61条款，其中最主要的两条是：没有咨议会的许可，国王不可收税；没有法律的允许，自由人不可被逮捕。如果国王破坏宪法，执行委员会可以发动战争反对国王。

克伦威尔

英格兰首相，开创共和制，实行独裁制，统一英伦三岛

生卒年：1599—1658
国　籍：英格兰
出生地：亨丁顿

身　　份：护国公（任期1649—1658）
家　　庭：乡绅
志　　趣：政治

奥列弗·克伦威尔，英国政治家、军事家、宗教领袖。17世纪英国资产阶级革命中，资产阶级——新贵族集团的代表人物、独立派的首领。克伦威尔出生于英国一个乡绅家庭，他的先祖在亨利八世时代依靠宗教改革发迹，在政治上也很有势力，后因得罪宫廷而被抄斩，家道从此衰落下来。这样的家庭背景对克伦威尔后来成为虔诚的清教徒，并一贯反对天主教会有相当的影响。

克伦威尔17岁进入剑桥大学学习，一年后父亲突然病故，作为唯一的儿子，他被迫中断学业，承担起家庭的责任。1628年，克伦威尔当选为国会议员，但国会很快就解散了。其后于1640年4月和11月召开的长、短两次国会，他都参加过。因英王查理一世无意服从国会，并带卫队闯进国会抓议员而引起众怒，1642年，第一次内战爆发。

克伦威尔站在国会的立场，反对国王的暴行。他招募了一支"铁骑军"，在经历了马斯顿荒原战役和纳西比战役后，查理最终成了议会的阶下囚。

国王被囚后，克伦威尔曾会见过他两次，企图劝说查理同意他们提交给议会的一项宪法方案。但查理逃走后又重新结集军队，发动了第二次内战，并再次成了阶下囚。1649年1月30日，查理一世被送上了断头台。

1649年2月4日，苏格兰国会宣布侨居荷兰的查理一世之子为英格兰国王，称查理二世。

1651年9月3日，克伦威尔的军队和查理二世的军队在瓦塞斯特展开会战，查理二世全军覆没，只身逃往法国。1649年2月，下议院废除了上议院和君主制，英国宣布为共和国，克伦威尔被推选为一院制的议会的行政机构——国家委员会主席。在最初的3年里，他的主要精力放在了对付爱尔兰和苏格兰的保王党上。

1651年8月，克伦威尔颁布了"航海条例"，挑起了第一次英荷战争。这次战争使英国从此迈上了海上称霸的道路，荷兰人作为"海上马车夫"的时代一去不复返了。

1653年4月20日，克伦威尔解散了下议院。7月4日，他召开由他指定的有140名议员参加的"小国会"，其中大部分是清教徒。12月12日，小国会自动解散。接着由高级军官组成的军官会议通过一个新的宪法草案——"施政文件"，依据这个文件，12月16日克伦威尔被选为护国公。"施政文件"规定，护国公为终身制，有权指定继承人，并把立法、行政及军事大权集于一身。至此，克伦威尔以护国公的身份成为军事独裁者。

1658年9月3日，克伦威尔因患疟疾在白厅去世。11月10日，在国葬前13天，他的遗体被秘密安葬在威斯敏斯特教堂。

彼得一世

俄罗斯帝国皇帝，实行军事、社会改革

生卒年：1672—1725

国　籍：俄国

出生地：莫斯科

身　份：沙皇（在位1682—1725）

家　庭：皇族

彼得生于莫斯科的克里姆林宫，不到4岁父亲就去世了。13个孩子就王位的继承人问题展开了一场漫长的殊死斗争。彼得同父异母的姐姐做了几年摄政王，直到1689年彼得的地位才真正得到了稳固。

1689年的俄国是一个落后的国家，身为沙皇的彼得决心改变俄国落后的现状。为此，从1697—1698年间，他化名米哈伊洛夫，带着200多名随行人员周游西欧各国。他走访工厂、学校、博物馆、军火库，甚至在英国议会中旁听。这次周游为他今后的改革奠定了基础。

正在彼得在国外考察之际，姐姐索菲亚发动兵变，欲自立为沙皇。

彼得迅速赶回国内，以强硬的手段残酷地镇压了叛乱，索菲亚也被强迫当了修女。从此，彼得开始亲自执政。

彼得效法西欧发达国家，在国内积极进行全面的欧化改革。在长达30年的俄国西化改革之后，俄国发生了脱胎换骨的改变。

在军事方面，彼得实行义务兵役制，引进国外新式武器和战略技术，使俄国的军队尤其是海军的军力提升到世界最强者之列。彼得还对俄国的行政制度进行了许多改革，包括提升公务员要根据其工作表现，而不是根据其世袭地位等。在经济方面，彼得大力鼓励工商业的发展，允许企业主买进整村的农奴到工厂做工，批准外国人在俄国开办工厂。

在社会方面，彼得鼓励西化。彼得认为俄国的东正教是一股落后和反动的势力，他成功地重组了教会并取得了对它的控制权。彼得在俄国建立了世俗学校，鼓励科学的发展，他引进了儒略历，改进了俄国的字母表，还创建了俄国的第一张报纸。

改革之后的俄国日渐强大，彼得开始为俄国寻求出海口。彼得审时度势，认为南方的土耳其实力太大，便把目标投向了北方的瑞典，并制定了和瑞典争夺波罗的海的政策。经过21年战争，1721年，俄国夺得芬兰湾、里加湾沿岸的土地，解决了北方出海口问题。这些地区成为俄国通向欧洲的商贸口。

1721年10月，俄国枢密院尊称彼得为"大帝"和"祖国之父"，俄国也正式改称为"俄罗斯帝国"。1721年，彼得在涅瓦河两岸的荒地上建立了一座新城市，取名为"圣彼得堡"，并把首都迁到那里。从此，圣彼得堡就成了俄国与西欧交往的主要地点。

1722年至1723年，彼得发动侵略波斯的战争，夺取了里海西岸和南岸的部分地区；他向远东扩张，侵占了堪察加半岛和千岛群岛。晚年他还曾企图侵占中国长城以北地区，终因力量有限而未得逞。1725年初，彼得在圣彼得堡死去，终年52岁。

乔治·华盛顿

美国第一任总统，确立民主共和制

生卒年：1732—1799
国　籍：美国
出生地：弗吉尼亚州韦克菲尔德
身　份：总统（任期1789—1797）
家　庭：农场主

乔治·华盛顿生于一个富有的农场主家庭，祖辈是英国人。华盛顿的父母没有受过多少教育，却对孩子的教育很热心。附近没有学校，便在一间用木板搭成的小木屋里，让孩子们接受传教士的教育。

华盛顿11岁那年，父亲去世。根据当时的法律，父亲留下的庞大遗产，大部分都归长子劳伦斯继承。早年当过土地测量员。1752年，劳伦斯病逝，华盛顿接替了他的职位。当时的弗吉尼亚，全州划分为4个军区，华盛顿被任命为陆军少校。

1753年，法军入侵，华盛顿奉命保卫边疆，此时，他已是一名陆军上校。1759年，他当选为弗吉尼亚州议员，同时辞去军中职务。

1774年9月5日，第一届大陆会议在费城召开，华盛顿代表弗吉尼亚州出席会议，主张殖民地和宗主国应该完全分离。1775年4月19日拂晓，"莱克星顿的枪声"揭开了美国独立战争的序幕。5月10日，在费城召开的第二届大陆会议上，代表们一致通过组织大陆军的决定，并推举华盛顿担任大陆军总司令。6月16日，华盛顿率军在班克山战役中3次击退了英军的进攻。1776年3月17日，华盛顿率军围攻波士顿，取得了开战以来最大一次胜利。7月4日，大陆会议通过了杰斐逊起草的《独立宣言》，宣告美利坚合众国正式诞生。

他在美国独立战争中是一位成功的军事领袖。此时，英国海军兵分两路南下直逼纽约，妄图把刚独立的美国扼杀在摇篮中。华盛顿奉命保卫纽约。

1777年10月，大陆军取得了萨拉托加战役的胜利。这次战役成为美国独立战争的转折点。1780年10月，华盛顿率领的美军取得了独立战争中最大一次战役——约克敦战役的胜利。1783年9月3日，英、美签订《巴黎和约》，英国承认美利坚合众国为自由、民主的独立国家。

1789年1月，美国举行了历史上第一次总统选举，华盛顿当选为总统。华盛顿是一位坚定的领袖，他保持了国家的统一，但是却无永远把持政权的野心，既不想做国王，又不想当独裁者。

由于他对争取美国独立、发展美国经济、建设民主法制和巩固联邦基础所做的贡献，被美国人尊称为"国父"。1797年两届任满后，1796年9月17日，他发表了著名的《告别辞》。1797年3月4日卸任，从此隐居乡间。此举开创了美国历史上摒弃终身总统制及和平转移权力的范例。

拿破仑

法兰西第一帝国皇帝

生卒年：1769—1821

国　籍：法国

出生地：科西嘉岛阿亚克修城

身　份：皇帝（在位1804—1814，1815）

家　庭：没落贵族

拿破仑是法兰西第一共和国第一执政，法兰西第一帝国及百日王朝的皇帝、法兰西共和国近代史上著名的政治家、军事家，曾占领过西欧和中欧的大部分领土，使法国资产阶级革命的思想得到了更为广阔的传播，是法国人民的骄傲，一直受到法国人民的尊敬与爱戴。

拿破仑·波拿巴出生在科西嘉岛一个没落的意大利贵族世家，10岁时随父赴巴黎，进入布里埃纳军校学习，后又升入巴黎军官学校。军校毕业后，他当了一名少尉军官。

1789年7月，法国爆发资产阶级大革命，推翻了封建的波旁王朝。1793年，波旁王室的嫡系在土伦复辟，同时，仇视法国革命的欧洲封建各国也组成反法联盟，联合进攻法国。法兰西第一共和国迅速派军包围了土伦港，并任命拿破仑接任炮兵指挥官。这一战役初步显示了他的军事才能。

1799年11月9日（雾月十八日），拿破仑依靠上层军官发动了军事政变，推翻了督政府，成立了一个三人执政府，自任第一执政官。1802年8月，为终身执政，确立了独裁统治。1804年5月，他宣布法国为帝国（史称法兰西第一帝国）。同年12月，他在巴黎圣母院大教堂加冕称帝，称"拿破仑一世"，并自任"法兰西帝国首席大元帅"。

拿破仑进行了一系列的重大变革。改革了财政结构和司法体制；创建了法兰西银行和法兰西大学；对法国行政部门实施中央集权。并陆续制定和颁布了3部重要法典：《民法典》（亦称《拿破仑法典》）、《商法典》和《刑事诉讼法》。

拿破仑一生指挥了大小会战50余次，取得35次胜利。尤其是自1799年上台后，他同反法联盟进行了一系列的战争，史称"拿破仑战争"。从1796年到1808年间，拿破仑共打破了5次反法联盟。

1812年6月，拿破仑率60万大军进攻俄国，法俄战争爆发。9月13日，俄军主动撤退，法军进入莫斯科。俄军随即展开游击战，很快就切断了法军的补给线，使法军处于四面受敌、弹尽粮绝的地步。寒冻临近，拿破仑只得被迫撤兵。远征俄国，无疑是拿破仑一生中所犯的最大错误。

此时，奥地利和普鲁士等国认为时机已到，便又联合起来发动了反法联盟。1813年10月，反法同盟在莱比锡打败法军，攻陷巴黎，拿破仑被迫退位，并被流放到位于地中海的厄尔巴岛。1815年3月，拿破仑从厄尔巴岛逃跑并重返巴黎，重登帝位。

拿破仑的卷土重来，让欧洲各国统治者深感震惊，急忙成立了第七次反法联盟。1815年6月，由英、俄、普、奥组成的联军，在比利时南面的小村滑铁卢与法军展开决战，法军最终战败，拿破仑被英国囚禁在了南大西洋的圣赫勒拿岛。1821年，拿破仑因癌症死在岛上。

林　肯

美国第16任总统，废除了奴隶制

生卒年：1809—1865
国　籍：美国
出生地：肯塔基州哈丁县
身　份：总统（任期1861—1865）
家　庭：农民

　　美国政治家，第16任总统，首位共和党籍总统。是世界历史中最伟大的人物之一，林肯领导美国人民维护了国家统一，废除了奴隶制，为资本主义的发展扫除了障碍，促进了美国历史的发展，由于林肯在美国历史上所起的进步作用，人们称赞他为"新时代国家统治者的楷模"。

　　亚伯拉罕·林肯出生于一个贫苦农民家庭。他的父亲靠开垦荒地和打猎来养活一家人，他的母亲是个心地善良的农妇，但在林肯9岁时去世了。

　　林肯曾说："我一生中进学校的时间，加在一起总共不到一年。"尽管如此，在他所居住的乡区一带，他却是最有学问的人。他非常喜欢读书，只要听到谁家有书，不管走多远，他也会借来阅读。后来，他读了一本名为《修正印第安那法全集》的很深奥的法律书，从此，他开始对法律产生了兴趣。

　　1834年，林肯当选为伊利诺伊州议会议员，开始了政治生涯。后来，林肯自学取得律师执照。从进入政界开始，林肯就加入了反对民主党的辉格党。1847年，他作为辉格党代表进入国会。

　　林肯曾目睹过奴隶主的野蛮残暴和黑奴遭受的残酷折磨。他曾发誓："我若有一天有了权力的话，一定要解决这个问题！即使拿我这条命去拼，也要解决这个问题！"因此在国会期间，他曾提出了一个在哥伦比亚特区逐渐地、有补偿地解决奴隶制的方案，但方案惨遭否决。

　　1854年，林肯加入新成立的主张废除奴隶制的共和党。1860年11月，林肯作为共和党的总统候选人，成功当选为美国第16任总统。大选揭晓后，南方种园主制造分裂，发动了叛变。南方11个州先后退出联邦，宣布成立"美利坚诸州同盟"，并制订了新的宪法，另立以戴维斯为"总统"的政府。

　　1861年4月12日，南方叛乱武装首先向北方挑起战争。林肯号召民众为维护联邦统一而战。

　　战争初期，由于南方种植园主蓄谋叛乱已久，而林肯政府试图妥协，联邦军一再失利，首都华盛顿也几乎失守。为挽救危局，林肯于1862年5月、1863年1月，先后颁布了《宅地法》和《解放黑奴宣言》。这极大地激发了农民和黑奴参战的积极性，使联邦军队的军力剧增，从而扭转了战局。1863年7月，葛底斯堡大捷成为内战的转折点，战争的主动权转到联邦军手中。1864年，联邦军队在最高统帅格兰特的指挥下，在东、西两线同时展开了强大攻势。

　　1864年11月，林肯再次当选总统，南方败局已定。1865年4月，南部军队将领罗伯特·李向格兰特将军投降。历时4年的南北战争，以北部联邦的彻底胜利而宣告结束。

　　1865年4月14日晚10时15分，就在南方军队投降后第5天，林肯在华盛顿福特剧院遇刺身亡。

亚历山大二世

俄国沙皇，推行农奴制改革

生卒年：1818—1881
国　籍：俄国

出生地：莫斯科
身　　份：沙皇（在位1855—1881）
家　　庭：皇族

　　俄罗斯帝国皇帝，亚历山大·尼古拉耶维奇是尼古拉一世的长子。亚历山大二世对历史的影响，主要是通过1861年改革，突破了阻碍俄国发展最大的瓶颈，俄国在19世纪后期资本主义的发展明显加速。历史是最公正的裁判，亚历山大二世的改革尽管不彻底，但终被证明是推动历史进步的。亚历山大二世创立了国家杜马制度，国家杜马制度到今天的俄罗斯仍然存在。

　　1855年2月，尼古拉一世因克里米亚战争的失败而精神崩溃，服毒自尽，亚历山大即位。9月，俄国被迫签订《巴黎协定》，将所占领的土耳其领土归还原主。

　　国民要求改革的呼声日盛，亚历山大二世顺应潮流，大胆地实行了一系列具有历史意义的改革。亚历山大从继位那一天起就已经决心实行改革。1857年，他成立了"农民事务总委员会"，开始筹备改革。1861年3月，下诏进行改革。改革的核心有两点：一是宣布废除农奴制，农奴全部获得人身自由，包括迁徙、婚姻、改变职业、拥有财产、订立契约等；二是规定全部土地为地主所有，农民按照规定赎买一小块土地，赎金数额为土地实际价格的二三倍，农民支付一部分，其余由政府以有偿债券的方式代付，农民在49年内还清本息。将获得自由的农民组织到公社中，公社的公职人员由农民选举产生，但必须服从地方行政机构的管理。这项改革的影响之大，被人称为是法国大革命之后最伟大的社会运动，因此，他赢得了"改革者沙皇"的称号。

　　亚历山大二世将仅有的965公里铁路扩展到22525公里。

　　此外，亚历山大还实行了一些其他改革。1864年成立县和州的地方自治局，建立陪审制度；1870年成立由全体纳税人选举的市杜马；1874年废除募兵制，实行普遍义务兵制；释放政治犯，允许流放西伯利亚的犯人回到内地；取消或减轻对笃信宗教的少数民族的限制（主要是针对犹太人）；放宽出国旅游的限制，废除残酷的刑法，放松对波兰占领地的统治，还在财政和文化教育部门推行了一些改革措施。

亚历山大疯狂对外扩张，尤其是对亚洲，达到了空前的地步。1858年，东西伯利亚总督迫使中国签订《瑷珲条约》，把外兴安岭以南、黑龙江与额尔古纳河以北的60万平方公里的中国领土割让给俄国。1860年又迫使中国政府签订《北京条约》，除确认《瑷珲条约》外，又占去了黑龙江和乌苏里江以东至太平洋的40万平方公里土地，并在符拉迪沃斯托克（海参崴）建立了俄远东首府，使中国完全丧失了在日本海的出海口。同时又在与中国新疆接壤的地方蚕食掉许多中国领土。包括东北地区，俄国共从中国夺去144万平方公里的国土。

马克思

无产阶级革命运动的导师，共产主义理论的创立者

生卒年：1818—1883
国　籍：德国
出生地：莱茵省特里尔城
身　份：思想家、政治家
家　庭：律师

伟大的政治家，哲学家，革命理论家，经济学家，无产阶级革命运动的导师，马克思主义的创始人，《资本论》和《共产党宣言》的作者。

卡尔·马克思出生于一个犹太族名律师家庭。1830年他进入特里尔的威廉中学读书。在目睹了普鲁士社会的不公正，以及专制政府对父亲参与的民主活动的迫害后，马克思不禁产生了某种崇高的理想。他在毕业作文《青年在选择职业时的考虑》中曾这样写道："如果我们选择了最能为人类谋福利而劳动的职业，那么，重担就不能把我们压倒，因为这是为大众而献身。那时，我们感到的将不是一点点自私而可怜的欢乐，我们的幸福将属于千万人，我们的事业并不会显赫一时，但将永远存在。"

1841年4月，马克思获得哲学博士学位，1842年他来到波恩，开始为《莱茵报》撰稿，10月被聘为该报主编。他以该报为阵地，展开了反对社会政治黑暗和精神压迫的斗争，《莱茵报》成了全德国民主界的喉舌。这种情况引起了普鲁士政府的极大恐慌，1843年4月，报纸被查封。5月，他和燕妮举行了婚礼，10月，他们迁居巴黎与A.卢格筹办《德法年鉴》杂志。1844年在《德法年鉴》上发表《论犹太人问题》和《〈黑格尔法哲学批判〉导言》两篇文章。前一篇批判"政治解放"即资产阶级革命的局限性，主张"人的解放"即实现共产主义革命。后一篇阐明无产阶级的历史使命，认为只有它才能实现人的解放，还提出对旧世界必须进行"武器的批判"这一重要思想。第一次指出了无产阶级是唯一能够消灭剥削制度的阶级。

1844年8月，马克思和恩格斯在巴黎会面，从此开始了他们伟大的合作。1846年，他们在布鲁塞尔创立了"共产主义通讯委员会"，在工人中传播科学社会主义理论。1847年1月，他们又一起参加了德国工人的秘密组织"正义者同盟"。并担任了同盟布鲁塞尔区部和支部的领导人。11月，他们参加同盟的第二次代表大会，并受委托为"共产主义者同盟"拟订纲领。这就是1848年2月正式发表的科学共产主义的纲领性文件《共产党宣言》，标志着科学共产主义的诞生。

1864年9月28日，第一个无产阶级群众性组织——国际工人协会，即第一国际在伦敦成立，马克思受邀承担了为协会起草《成立宣言》和《章程》的任务，并担任主要领导人之一。

1857年7月—1858年5月，马克思写了《政治经济学批判大纲(草稿)》，第一次提出了剩余价值理论，继唯物史观这一伟大发现之后完成了第二个伟大发现。1858年初开始在这个手稿的基础上写《政治经济学批判》一书。在写作过程中把原来打算以《政治经济学批判》为题出版的巨著改名《资本论》。1867年9月14日，《资本论》第一卷在汉堡问世。第二卷和第三卷由于他过早逝世未能最终完成，后经恩格斯整理和增补，分别在1885年和1894年出版。《资本论》具有划时代的意义，标志着马克思主义政治经济学科学体系的创立。

马克思几乎把全部心血都倾注到了《资本论》的创作中，前后整整用了40年时间。

明治天皇

日本第一位"立宪君主制"的天皇

生卒年：1852—1912

国　籍：日本

出生地：京都

身　份：天皇（在位1866—1912）

家　庭：天皇

日本第一位立宪君主制的天皇，在位期间对内推行明治维新，制定大日本帝国宪法。对外发动中日甲午战争，日俄战争。

明治天皇是孝明天皇的次子，幼年时名叫佑宫，后来改名为睦仁。1854年2月，美国海军准将佩里率9艘军舰终于打开了日本的国门。德川幕府屈服于列强的炮火，与美国签订了神奈川《日美亲善条约》。接着，俄、荷、英、法等国也纷纷侵入日本，日本面临着沦为半殖民地的严重危机。

为了摆脱民族危机，发展民族资本主义，以中下级武士为核心的倒幕派决心推翻德川幕府的统治，进行变法维新。

1866年12月25日，压制倒幕派的孝明天皇突然去世，15岁的睦仁亲王即位。1867年10月14日，早就对幕府把持朝政十分不满的明治天皇颁发了讨幕密诏，掀起倒幕运动。时任德川幕府的大将军德川庆喜见势不妙，采取以退为进之计，主动请求"奉还大政"，自愿将大将军的权力交还天皇。掌握政权265年的德川幕府至此结束。

1868年1月3日，倒幕派宣布了《王政复古大号令》，以天皇名义废除幕府旧体制，并成立了新政府，命令德川庆喜"辞官纳地"。3月14日，睦仁天皇率公卿诸侯在紫辰殿祭祀，发布了《五条誓文》。4月，公布了制定政治制度的《政体书》。同月，双方以保全德川庆喜的性命和德川家族的地位为条件而妥协，政府军进占江户。10月12日，睦仁举行正式即位仪式。23日，改年号为"明治"。11月26日，将江户改为东京，定为国都。1869年3月，迁都东京。

从1868至1873年，明治政府开展了大刀阔斧的维新运动，史称"明治维新"。其主要内容包括以下几个方面：

"奉还版籍"和"废潘置县"：1869年，各地潘主被迫先后奉还版籍，即把领地和户籍（人民）奉还给天皇。旧潘主成为政府任命的潘知事，潘政基本方针必须服从中央。1871年又宣布"废潘置县"，所有潘知事被解除职务，移居东京，领受俸禄。取消潘国，将全国划分为3府72县，由中央委派知事直接管辖。

土地改革和地税改革：1871年政府允许农民自由买卖土地和种植作物。1872年7月，在全国丈量土地，宣布确认土地所有权，并颁发土地执照。接着发布《地税改革法令》，并取消实物税，一律用货币交纳。

殖产兴业：为了扩大国内市场和促进资本主义发展，政府采取了许多经济措施，如：废除各潘设立的关卡；统一货币和邮政；建立示范企业，传授技术；向资本家发放无息贷款，扶植私人企业等。1880年，政府又发布《官业下放令》，将官营企业转让给三井、三菱等财阀，促使垄断资本急剧形成。

文明开化：效仿西方国家，建立了包括小学、中学和大学的近代学校体系，并努力普及初等教育。此外，还采取"改历""易服""剪发"等措施，以改革旧的风俗习惯。

废除身份制度和取消武士特权。实行征兵制，建立近代常备军。在位四十五年期间，日本资本主义迅速发展，并走上了军国主义帝国主义的道路。他的一生可以说是日本近代国家诞生的同义字。明治天皇的陵墓为京都的伏见桃山陵。

列 宁

无产阶级革命的伟大理论家、实践家

生卒年：1870—1924
国　籍：俄国（苏联）
出生地：辛比尔斯克城（今乌里扬诺夫斯克）
身　份：工农苏维埃政府人民委员会主席
家　庭：知识分子

第一个社会主义国家的缔造者，马克思和恩格斯事业和学说的继承者，全世界无产阶级和劳动人民的伟大导师和领袖，无产阶级革命的伟大理论家、实践家。

列宁原名弗拉基米尔·伊里奇·乌里扬诺夫，列宁是他的化名。他天资聪颖，性格活泼，加上良好的家庭环境，从小就养成了爱读书、勤思考、乐于助人的习惯。他5岁开始跟着父母学文化，9岁上中学，毕业时获得金质奖章。

列宁的哥哥亚历山大是一位革命的民粹主义者，由于参与政治活动，于1887年被判处死刑。因此，列宁从小就萌发了反对沙皇专制制度和剥削阶级的革命思想。

1887年，列宁进入喀山大学法律系学习，这一年对他的思想产生了深刻的影响。他成为一位积极的革命者，经常和一些具有先进思想的学生探讨革命问题。后来，因参加学生运动而被捕、流放。1888年，他回到喀山后加入了当地的一个马克思主义小组，并成为小组的积极分子，开始初步形成马克思主义世界观。

1893年，列宁来到俄国政治和工人运动的中心彼得堡，开始组建马克思主义政党。1895年，他将彼得堡所有马克思主义小组合并为"工人阶级解放斗争协会"。这标志着俄国无产阶级政党萌芽的出现，俄国第一次实现了社会主义和工人运动的结合。这年的12月，列宁被捕。1897年，他被流放到西伯利亚。

1900年列宁刑满后来到伦敦，创办了《火星报》，积极宣传马克思主义的建党学说。其后他又写了《怎么办》一书，为建立一个马克思主义的政党奠定了思想基础。

1905年，俄国第一次资产阶级民主革命爆发。7月，列宁明确指出，这次革命是资产阶级民主革命，任务是推翻沙皇专制制度，建立民主共和国。所以无产阶级必须与农民结成联盟，领导这场革命。11月，列宁回国直接领导革命斗争。12月，莫斯科工人武装起义失败，革命转入低潮。

1917年3月，二月革命推翻了沙皇政权。俄国出现了苏维埃和资产阶级临时政府两个政权并存的局面。4月4日，列宁提出了著名的《四月提纲》，指出沙皇专制制度的推翻，标志着资产阶级民主革命的完成，现在应该进入革命的第二阶段——社会主义革命阶段，即推翻资产阶级临时政府，建立苏维埃共和国。11月7日（俄历10月25日），俄国十月革命取得了胜利，第一个社会主义国家诞生了。

革命胜利后，列宁当选为第一届人民委员会主席，在他的领导下，年轻的共和国粉碎了帝国主义国家的三次武装进攻和国内叛乱，使苏俄的经济建设逐步走上了正轨。

列宁不知疲倦的和长期紧张的政治活动，以及社会革命党暗杀造成的创伤，严重损害了他的健康，从1922年上半年起，便身患重病。1924年1月21日，便与世长辞了。

丘吉尔

二战中的英国首相，"三环外交"的提倡者

生卒年：1874—1965

国　　籍：英国

出生地：英格兰牛津郡
身　份：首相（任期1940—1945，1951—1955）
家　庭：贵族

20世纪最重要的政治领袖之一，画家、演说家、作家以及记者，1953年获诺贝尔文学奖，曾两任英国首相，带领英国获得第二次世界大战的胜利。

温斯顿·丘吉尔出身于贵族家庭，从小便接受了典型的英国贵族式教育，8岁上小学，14岁进入哈罗公学读书。他对必修的神学和拉丁文缺乏兴趣，但对历史、古典文学和军事却非常喜欢。他崇拜拿破仑和自己的先祖，渴望能像他们那样建功立业。

1900年，丘吉尔参加了保守党，并在议员竞选中获胜，从此进入国会，开始了政治生涯。1904年加入了自由党。先后担任过殖民副大臣，商务大臣，内务大臣，海、陆、空军大臣及殖民地总务大臣等职务。1922年，他出任内阁大臣，1923年，因竞选失利退出了自由党，重新加入了保守党。

1937年，张伯伦上台，推行绥靖政策。丘吉尔坚决反对张伯伦的绥靖政策，从而成为当时英国政界公认的对德强硬派的领袖。在希特勒上台之初，丘吉尔就主张对德、意侵略者实行坚决遏制和抗击的强硬政策。随着战争的爆发，张伯伦的绥靖政策彻底破产。

1939年9月3日，英国对德宣战，当日，丘吉尔进入改组后的张伯伦内阁，担任海军大臣。1940年5月10日，张伯伦辞去首相职务，丘吉尔接任首相兼国防大臣。在盟军失利的困难时期，丘吉尔仍坚持对德作战。他亲自视察海防、空防等设施，经常在广播里发表谈话，激励英国军民的斗志，同时，他把从敦刻尔克撤退的大部分英军派到中东地区与墨索里尼作战，这是二战历史上最大胆的战略决策之一。

丘吉尔支持沦陷国家开展的抵抗运动，支持在英国的法国流亡政府。1941年6月，苏德战争爆发后，他立即表示支持苏联。7月12日，英、苏签订了对德作战中联合行动的协定。同时，他还积极寻求美国的支持，使美国国会通过了《租借法案》。8月，他与美国总统罗斯福在纽芬兰签署了《大西洋宪章》。至此，国际反法西斯统一战线初步形成。

随后，他参加了在德黑兰、雅尔塔和波茨坦举行的重要会议，为争取反法西斯战争的最后胜利做出了自己的贡献。

1945年7月，丘吉尔辞去首相职务，以期在大选中再获连任，但由于保守党在大选中惨败，希望落空。对此他引用古希腊作家普鲁塔克的话说："对他们的伟大人物忘恩负义，是伟大民族的标志。"此后，他开始了《第二次世界大战回忆录》一书的创作，并于1953年获得诺贝尔文学奖。1946年，他在美国的富尔顿发表了著名的"铁幕"演说，预告了两极世界"冷战时代"的开始。

1951丘吉尔再度出任首相。1955年4月5日，丘吉尔因健康原因辞职，当他走出唐宁街10号首相府官邸时他吸着雪茄，打出"V"手势向群众致意，坐上汽车，在人们的欢呼声中离去。

大流士一世

波斯大帝，建立起横跨亚、非、欧的帝国

国　籍：波斯
出生地：不详
生卒年：约前558—前485
最高军衔：波斯国王

波斯皇帝，铲除八大割据势力，统一了波斯帝国。自称为"王中之王，诸国之王"，后人尊称为"铁血大帝"。

大流士属于皇室家族的分支，但居鲁士大帝怀疑他曾参与反对皇室的阴谋。居鲁士去世后他作为侍卫随新皇帝冈比西斯二世去埃及，在公元前521年3月，冈比西斯二世自杀身亡，居鲁士的另一个儿子巴尔狄亚在米底即位。大流士赶往米底，依靠6家波斯贵族的帮助，在当年10月杀死巴尔狄亚，登基为帝，并和居鲁士大帝的女儿结婚，当时他的父亲和祖父尚在世，所以他并没有得到普遍认可，各地贵族纷纷起兵。大流士虽然手无重兵，但因为各地造反互不协调，独立作战，所以从公元前520—前519年间，大流士费时一年，前后进行18次战役，终于平定了叛乱。

公元前519年，他进军里海东岸。公元前518年，进入埃及，从公元前518年始，大流士对原有的统治机构和古老的军事组织实施了一系列改革措施，史称"大流士改革"。建立军政分权的地方行政制度。加强中央和地方的联系，确立君主专制，将全国划分为分为20个行省5个大军区，修建驿道，将琐罗亚斯德教定为国教。其中着力整顿了赋税，规定每省应纳税额，由包税人征收，每年可得税银1.456万塔兰特（每塔兰特为30.3公斤）。整顿税收制度，统一全国的货币铸造制度。

他执行促进帝国商业和贸易的计划，开辟海上航路，他派舰队探索印度洋，打通从印度河口到埃及的海上航线，开辟从尼罗河到苏伊士的运河，根据铭文可以看出，他的船只可以从尼罗河穿过红海直达波斯(当时尚没有苏伊士运河)。

公元前499年，雅典和埃雷特利亚支持爱奥尼亚人反对波斯的起义，大流士派他女婿马多尼奥斯率领舰队进攻雅典，陆上军队被峭壁所阻，舰队被风暴所毁。公元前490年，戴蒂斯率舰队再次出征，踏平埃雷特里亚，但在马拉松被雅典击败。

公元前486年埃及爆发起义，平定起义后他准备第三次远征雅典，但在公元前485年10月去世。

大流士一世统治波斯期间，对内镇压了米底、埃及、巴比伦和亚述等地的叛乱；对外，他在公元前517年将印度河流域纳入波斯版图，公元前513年，又进一步控制了黑海海峡和色雷斯一带，前锋直指希腊诸城邦。成为第一个向欧洲扩张的东方君主。当时，波斯帝国的疆域西至埃及，东括印度，南达波斯湾和阿拉伯半岛，北到里海及黑海一带。这是历史上第一个地跨亚非欧三大洲的帝国，在世界五大文明发源地中，已征服了其中三个，逼近了第四个。风格各异的众多文明第一次联合在同一个国家、同一个君主的统治之下，大大加深了相互的交流和渗透。

斯巴达克

率领奴隶反抗罗马统治的杰出统帅

国　　籍：色雷斯
出生地：不详
生卒年：约前120——前71
最高军衔：起义军领袖

古罗马奴隶起义的领袖。领导了世界古代史上最大的一次奴隶起义——斯巴达克起义。

斯巴达克是色雷斯人，在反抗罗马征服的战争中负伤被俘，沦为卡普阿角斗士训练学校的奴隶。公元前73年密谋暴动，带领70余名角斗士逃往维苏威山起义。远近各地逃亡奴隶和破产农民纷纷响应，起义军迅速发展到数千人。斯巴达克被推为领袖，克里克苏和恩诺麦伊为其副手。

罗马当局派克劳狄乌斯率军3000人前往镇压，包围维苏威山。起义军乘夜顺着野葡萄藤编成的梯子滑下悬崖，绕到罗马军营寨侧后突然发起进攻，击溃罗马军。起义军名声大振，队伍扩大到上万人。斯巴达克把起义军编成步兵、投枪兵、骑兵、侦察兵、通信兵和辎重队，进行严格训练。

同年秋，罗马派执政官瓦利尼乌斯率两个军团约1.2万人围剿。斯巴达克采取避强击弱的办法，将其各个击破。

公元前72年初，罗马元老院派执政官楞图鲁斯和盖利乌斯率两个军团进剿。这时，起义军内部出现分裂。克里克苏率一支人马脱离主力，在阿普利亚北部的加尔加诺山麓大部被歼，克里克苏阵亡。斯巴达克率军继续向北推进，他利用敌人兵力分散的弱点，先打败楞图鲁斯指挥的堵截军团，继而击溃盖利乌斯率领的追击军团。一路上起义队伍发展到

12万人左右。

起义军进抵山南高卢的穆蒂纳城，打开了渡过波河通向阿尔卑斯山的道路。但斯巴达克突然挥师南下。罗马元老院非常惊慌，担心起义军攻打罗马，宣布国家处于紧急状态，并授予克拉苏相当于独裁官的权力，令其率6个军团会同上述两个军团继续截击。同年秋，起义军避开罗马城，开赴意大利半岛南端。这时，克拉苏率10个军团在起义军背后布鲁提乌姆半岛地峡处构筑一道横贯半岛的大壕沟进行围困，但被斯巴达克突围。为尽快歼灭起义军，罗马当局从马其顿调回鲁库鲁斯的军队，从西班牙调回庞培大军，协同克拉苏从东、北、南三面包围起义军。起义军接近布伦迪休姆时，鲁库鲁斯的军队已在该处登陆，庞培率军从北面压来，而克拉苏也从后面追来。面对强敌，斯巴达克决定在几股敌人会合前，与最近的克拉苏军队决战。公元前71年春，双方在阿普利亚境内激战。起义军战士英勇不屈，但终因师旅疲惫战败。斯巴达克壮烈牺牲，约6万名起义军将士战死，6000名被俘官兵全部被钉死在卡普阿到罗马大道两边的十字架上。

斯巴达克起义虽然失败了，但起义军英勇斗争的气概，斯巴达克高超的统帅艺术，在历史上留下了光辉的一页。斯巴达克起义对奴隶解放与自由运动是一次巨大推动，在人民群众争取社会解放的斗争史上留下了不可磨灭的遗迹。

查理大帝

查理帝国创立人

国　籍：法兰克
出生地：不详
生卒年：742—814
最高军衔：查理帝国国王

法兰克王国加洛林王朝国王，查理帝国创建者。又被译为查理曼、查尔斯大帝。

查理于公元742年出生在法兰克王国的名门贵族家庭。查理的父亲丕平三世原为法兰克王国大臣，在教皇的支持下，废黜了墨洛温王朝的末代国君，取而代之，创造了卡洛林王朝。这使查理继任后继续与罗马教皇保持联盟关系。

公元768年，丕平病逝，按照遗嘱划分遗产，10月9日，查理的弟弟卡洛曼在苏瓦松即位，查理也在努瓦永登基为王。公元771年12月4日，卡洛曼去世，查理合并了他的全部国土。

公元772年起，查理先后对北方撒克逊人发动8次进攻，时间长达33年。773年，德西德流斯入侵教宗领土，应教宗哈德良一世的请求，查理发兵征讨。在774年，查理翻过阿尔卑斯山回到意大利，再一次拯救教皇，也因此成为法兰克人和伦巴底人的国王以及罗马的合法统治者。查里继续征战，同时，他强迫敌人皈依基督教。他控制了法国南部和西班牙的北部，然后转移到日耳曼的西部，让撒克逊人改信基督教，并驱逐匈牙利的马扎儿人。他在这个边界地区行军，而那里正是法兰克帝国和东方蛮族部落之间的缓冲地带。

在查理以前，法兰克王国的统治只限于高卢的一部分，查理通过各次战争，领土几乎扩大了一倍。相当于今天的法国、瑞士、荷兰、比利时、奥地利以及德国、意大利的大部分地区。

公元800年12月25日的圣诞节，查理在罗马圣彼得大教堂做礼拜的时候，突然被利奥三世戴上了皇冠，并被称为"罗马人的皇帝"。教皇高声宣布："上帝为查理皇帝加冕！这位伟大的、给世界带来和平的罗马人的皇帝，万寿无疆和永远胜利。"查理加冕标志着西欧文明不再是属于拜占庭的附庸。

公元814年冬天，天气极为寒冷，查理坚持外出打猎，感染风寒。1月28日，在首都亚琛宫中逝世，时年72岁。

爱德华三世

挑起百年战争，取得克雷西战役胜利的英国君主

国　　籍：英格兰
出生地：伯克郡温莎
生卒年：1312—1377
最高军衔：英国国王

英格兰国王，发动与法国的百年战争，控制了法国北方的大片领土，迫使法国签署布勒丁尼和约。

生于伯克郡温莎，是被谋杀的爱德华二世的儿子。1327年2月，爱德华三世由坎特伯雷大主教沃尔特·雷诺兹加冕为英格兰国王。

1336年，为报复法国国王腓力六世侵犯在佛兰德的英国商人，爱德华三世曾下令禁止向法国出口羊毛。由于对腓力六世继承法国王位不满，爱德华三世对法国怀有越来越大的敌意。1337年，爱德华三世正式称自己为法国国王。1338年腓力六世宣布没收他在法国的一切领地，百年战争开始。1340年6月，英国舰队在斯鲁伊斯海战中大获全胜。但军费开支过于巨大使爱德华三世无力持续作战。1344年他甚至宣布破产，导致佛罗伦萨的两家大银行倒闭。

1346年，英军在克雷西城附近精心地摆好了阵势。其右翼部队靠近克雷西城，有一条河流作屏障；其左翼部队位于瓦迪库尔特村的前方，有树林和步兵挖掘的战壕作掩护。英军分为3支分队或称"战斗大队"，各队兵力大致相等。

弓箭兵部署在每个分队侧翼的外层，按梯队形式向前排列，这样就可以得到一个互不影响的集中的火力区域。位于前面的两个分队的侧翼弓箭兵恰好在英军中央的正面，会合成一个倒V字队形对准敌人。在每个分队中央的后面是一小部分骑在马上的重骑兵预备队。如果法军突破

了正面防线,预备队便可发起反击。阵地前面挖掘了陷坑,以阻止法军骑兵的进攻。

战斗开始后,英国人明智地让下马作战的骑士与弓箭骑兵互相合作,并使他们跟骑在马上的骑兵紧密结合,从而把投射式兵器的火力、防御的耐久力跟机动突击力灵活地结合了起来。此举重创6万名法军士兵,爱德华三世获得克雷西战役的胜利。

1347年,爱德华三世攻占法国重镇加来,1356年英军在普瓦捷战役中再度取得大胜,并俘获了法国国王约翰二世。双方签订加来条约,英国控制了法国北方的大片领土,但承诺放弃法国王位。

1359年爱德华三世再次入侵法国,围攻兰斯,签署布勒丁尼和约。至此,爱德华三世完成了一生中所有辉煌的胜利。

1348年,爱德华三世统统之下的英国遭受了有史以来最大的灾难之一——黑死病。他颁布了一些法令来强迫人们继续劳动。1353年,英格兰国会通过法案,禁止民众向教会法庭上诉及向教皇交纳什一税。大约在1348年,爱德华三世创立了嘉德骑士团。

爱德华三世在位时的另一个主要的敌对目标是苏格兰。早在1333年,爱德华三世击退过入侵英格兰的苏格兰国王罗伯特一世。1356年他又曾进入苏格兰南部。1377年6月21日,爱德华三世去世。

威灵顿

在滑铁卢击败拿破仑的公爵

国　籍:英国
出生地:不详
生卒年:1769—1852
最高军衔:陆军元帅

19世纪上半叶最具影响力的军事、政治人物。出生于爱尔兰都柏林的一个贵族家庭。毕业于法国昂热军事学校。最初以少尉军阶加入英国陆军,并凭借在拿破仑战争中的出色表现而获连番擢升,最终更成了英国陆军元帅,并获得法国、沙俄、普鲁士、西班牙、葡萄牙和荷兰6国授予元帅军衔,是世界历史上唯一获得7国元帅军衔者。

威灵顿公爵出生于一个成就显赫的家庭,从小就读于伊顿公学,但成绩很差。母亲为了攒钱送他弟弟上学,让他中途退学。以后,他跟随一个律师学习。在这一年的时间里,他所显露出来的唯一才能就是拉提琴。母亲一气之下,便把他推上了从军的道路,并告诉他除了做"战场上的炮灰"外,别无任何出路。但威灵顿从此刻苦学习军事,最终成为英军的最高统帅,并使拿破仑兵败滑铁卢。

1815年,威灵顿指挥英荷联军对法作战,在滑铁卢会战中阻击了法军优势兵力的进攻,最后在普军的配合下击败不可一世的拿破仑。

1815年6月18日,拿破仑率兵10万抵达比利时的布鲁塞尔南的滑铁卢村,与威灵顿所率的6万兵马相遇。拿破仑判断,英军阵地的弱点在中段。他决定佯攻英军右翼,重点攻中段。上午11时,法军开始攻击英军右翼的乌古蒙堡,形成对峙。午后1时,正当拿破仑想以主力猛攻英军中段阵地时,忽然获得布吕歇尔集结的普军赶来增援英军的消息,拿破仑被迫从总预备队中抽出两个骑兵师阻滞普军。同时,火速传令原负责追击普军的格鲁希立即回师支援滑铁卢。英军顽强抵抗,双方伤亡很大。下午6时,拿破仑占领了中段的圣拉埃村。由于争夺战异常激烈,威灵顿开始支持不住,但是法军也难以再扩大战果,双方都等待援兵。最后,威灵顿盼来了布吕歇尔的3万援兵,而法军的援军却没来,于是战局急转直上,英普联军重创拿破仑。在这个战役中,法军损失3.2万人,联军损失2.3万人。滑铁卢战役后,联军很快攻占巴黎,拿破仑再次退位,被放逐到大西洋中的圣赫勒拿岛。

战后,他多次参加反法联盟各国重新瓜分势力范围的会议。1828年后,历任英国第25、27任首相、外交大臣和不管部大臣,并长期担任陆军总司令,陆军元帅。

格兰特

领导北方战事走向胜利的陆军总司令

国　　籍：美国
出生地：俄亥俄州
生卒年：1822—1885
最高军衔：陆军上将

美国军事家、政治家，美国内战后期联邦军总司令，领导北方取得战争胜利，第18任总统。

尤利西斯·辛普森·格兰特出生于俄亥俄州一个小业主家庭。1839年，他被推荐去西点军校。毕业时，正值墨西哥战争，格兰特表现得极为勇敢。战争后被提升为中尉。

内战爆发后，格兰特被授予上校军衔，担任第21伊利诺伊步兵团的指挥，1861年9月，格兰特被提拔为准将。他的首次重要战斗是对密苏里州贝尔蒙南方军的突袭。他指挥联邦军出其不意的打击南方军。格兰特第一个大胜利，来自他对亨利要塞和道格拉斯要塞围攻的成功，在1862年2月他先后攻下了这两个在密西西比流域的重要据点。这个胜利鼓舞了北方，所以当林肯听到这个消息后，很兴奋当即提拔格兰特为少将。格兰特被任命开始组建田纳西方面军。

4月，格兰特的田纳西方面军在夏伊洛迎来了他们的头一次战役。战役第一天，格兰特显然无法适应南方军的迅猛打击，匆促迎战的结果只能是大败而归。随后，谢尔曼的部队赶到了战场。谢尔曼趁南方军追击的时候，出其不意地猛击对方的侧翼。南方军顿时乱作一团，败退中的格兰特又趁势反攻，将南方军彻底击溃。

7月，格兰特任命谢尔曼负责对南军的坚强据点维克斯堡发动进攻。但是由于兵力严重不足，谢尔曼的攻击并不成功，战局陷入僵持。到了

1863年年初，格兰特亲自率领部队开始对维克斯堡展开了围攻作战。他首先将打算援救维克斯堡的南方部队挡在了维克斯堡战区之外，并集中力量将其击退。再调回头展开围攻。他在维克斯堡外挖了两条围攻线：内对垒线和外对垒线。1863年7月4日，南军在坚守了7个月后，终于向格兰特无条件投降。

1864年4月，格兰特被林肯任命为陆军总司令，率领12万大军和李将军作战，他目标就是占领"叛军"的首都里士满。此时，格兰特更是放言，要打破李这个"南方的神话"。战局僵持到了1865年，李不得不开始南撤，打算与蒋斯顿的部队会合。终于，李和格兰特在阿托克马斯展开了最后的战斗，李面临被包围的处境，决定投降。李和格兰特在阿托克马斯的法院会面商讨投降事宜。在得到了格兰特决不会关押迫害一名南军士兵的保证后，李同意在投降协议上签字。最后，双方在互相尊重的气氛中签署了协议。

战后，格兰特在1869—1877年间连任两届美国总统，但并不成功。1885年7月24日，格兰特因长期吸雪茄导致的喉癌去世。

麦克阿瑟

以"跃岛战术"对日作战的美军将领

国　籍：美国
出生地：小石城
生卒年：1880—1964
最高军衔：陆军五星上将

著名军事家，第二次世界大战时期历任美国远东军司令，西南太平洋战区盟军司令；战后出任驻日盟军最高司令和"联合国军"总司令等职。

麦克阿瑟出生于陆军军营，他的父亲因参加南北战争曾获国会勋章。1903年，从西点军以第一名的成绩毕业，他的成绩是西点军校创办一百年来最好的，总平均成绩超过98分。后被任命为少尉军官。第一次世界大战时任美军第42师"彩虹师"师长。

1919年被任命为美国西点军校校长，是美国陆军史上最年轻的西点军校校长。1936年8月，获得菲律宾元帅军衔。1937年，从美国陆军退役，开始组建菲律宾陆军。

日军偷袭珍珠港后，对菲律宾发动进攻，麦克阿瑟几乎要拿父亲留下的手枪自杀，与菲律宾人民共存亡。但是，罗斯福在1942年2月8日以国家的名义，再次命令麦克阿瑟及其家属撤离菲律宾。2月22日和23日，罗斯福和马歇尔连续给麦克阿瑟发电，让其撤离，并允诺让麦克阿瑟到澳大利亚指挥盟军反攻，3月11日夜，麦克阿瑟在从科雷吉多尔登上鱼雷艇离开菲律宾之前，发誓"我还要回来"。

1943年，盟军采用麦克阿瑟的跃岛战术，基本实现对日作战的计划。麦克阿瑟称："这种战争方式的实际应用，就是避免以大量的伤亡进行正面的攻击，就是避开日军据点；切断补给线，使它们无所作为；就是孤立他们的军队，使他们在战场上饿死……这就是我调动部队与拟定作战计划的指导思想。"

1944年春夏，盟军攻克阿留申群岛。同年10月20日，麦克阿瑟率部在莱特岛登陆之后，在菲律宾总统的陪同下，在雨中发表了最震撼人心的演讲："菲律宾人民，我，美国陆军五星上将道格拉斯·麦克阿瑟回来了！"

1945年8月15日，日本宣布无条件投降，麦克阿瑟被杜鲁门总统任命为驻日盟军最高司令，负责对日军事占领和日本的重建工作。9月2日，麦克阿瑟代表盟国在"密苏里"号战列舰举行受降仪式。

1950年6月，朝鲜战争爆发，麦克阿瑟组织指挥仁川登陆获得成功，1951年4月，麦克阿瑟因战争失利和所谓"未能全力支持美国和联合国的政策"而被解除一切职务。他是美国奖章获得最多的一位军官，也是唯一一个参加过一战、二战和朝鲜战争的美国将军。

1951年4月19日，麦克阿瑟在国会大厦发表了题为《老兵不死》的著名演讲。1952年，麦克阿瑟企图获得共和党总统候选人提名，但未能成功。此后任兰德打字机公司董事长，著有回忆录《往事的回忆》。1964年4月3日，麦克阿瑟在沃尔特·里德陆军医院因病去世。

伏龙芝

指挥克里木战役，保卫苏联的杰出军事统帅

国　　籍：苏联
出 生 地：比什凯克
生 卒 年：1885—1925
最高军衔：陆军元帅

苏维埃国家杰出红军统帅和军事理论家，苏联革命军事委员会主席、陆军、海军人民委员、军事学院院长（即伏龙芝军事学院）。

伏龙芝1885年2月2日生于吉尔吉斯斯坦的比什凯克。1904年，伏龙芝在彼得堡工学院上学时参加俄国社会民主党，逐渐地成为一名出色的工人运动组织者。伏龙芝在1905年参加彼得堡10万工人请愿游行受伤后，写给他妈妈的信中，就说得很清楚，他"已把自己的一切献给革命"，革命的需要，就是他选择的一条不平坦的道路。

1906年4月，他作为伊万诺夫——沃兹涅先斯克布尔什维克的代表，出席了俄国社会民主工党第四次代表大会。在会议休息时间，列宁很有兴趣地和他谈起了关于军事斗争问题。列宁当时曾对他说，莫斯科起义说明革命需要自己的军事家、布尔什维克要比沙皇军官更好地懂得军事。列宁的这次谈话给了他极大的鼓舞，使他开始了对军事的研究，并在革命斗争中开始注意了对工农群众的武装训练。1917年彼得格勒武装起义爆发时，他正在舒雅县任苏维埃主席，当听到武装起义胜利的消息后，他就立即率领一支由2000多名工人和士兵组成的武装队伍赶到莫斯科支援。伏龙芝在早期的武装斗争已经充分地表明他的军事才能，这也就决定了他在苏维埃政权遭到帝国主义武装干涉后，真正地走上军事的岗位。

1917年，彼得格勒武装起义爆发，伏龙芝率领一支由2000多名工人和士兵组成的武装队伍赶到莫斯科支援，开始了他的军事指挥生涯。伏龙芝的指挥特点是：主突方向和实施主突的时间选择得当；大胆集中兵力兵器于主要方向；广泛运用正面和翼侧的突击；实施兵力兵器机动的高超艺术以及预备队的使用得当。

1918年12月，伏龙芝被任命为第四军司令员。1919年春，盘踞在西伯利亚的沙俄海军上将高尔察克以20万兵力越过乌拉尔山向莫斯科推进，8月，伏龙芝任土耳其斯坦方面军司令，歼灭了高尔察克军队南集群，打通了与中亚革命者的联系。1920年9月，伏龙芝被任命为南方面军司令员，在此期间，伏龙芝指挥了著名的克里木战役。弗兰格尔白军凭借彼列科普地峡的天然形势，请法国军事专家修筑了坚固的工事，吹嘘这里是第二个凡尔登，是不可攻破的。但是，战斗中，伏龙芝奇兵突起，强渡锡瓦什湖成功，全歼克里木半岛上的白军，这标志着国内战争大规模战斗行动的胜利结束。列宁对这次战役评价很高，认为"这次胜利是红军史上最光辉的一页"。为了表彰他的功绩，苏维埃政府授予他荣誉革命武装——一把带有"人民英雄"题词的军刀。

1925年10月29日，伏龙芝住院治疗胃溃疡，死于手术台上。厚葬于红场。

巴　顿

横扫欧洲战场的铁血将军

国　籍：美国
出生地：雷克维尼亚德
生卒年：1885—1945
最高军衔：陆军四星上将

1885年，巴顿生于加利福尼亚州雷克维尼亚德的一个军人世家。他从小爱出风头，立志要成为将军。1903年9月进入弗吉尼亚军校。1904

年6月考入了西点军校。

1911年12月进入陆军参谋部任职。1912年夏季参加了在瑞典首都斯德哥尔摩举行的第五届奥运会，取得五项全能项目的第五名。

1912年底，巴顿一度担任陆军参谋长伦纳德·伍德和陆军部长亨利·史汀生的副官。期间，在《陆海军杂志》上撰文建议改进骑兵军刀获得采纳，他设计的2万把"巴顿剑"被配发到美国陆军部队，使他崭露头角。1913年夏自费赴法国学习剑术。新军刀还需要新的训练教程。春风得意的巴顿开始编写《军刀教员讲义》。1914年3月，《军刀训练》一书由陆军部批准出版。

1916年任潘兴将军的中尉副官，两年后升任上尉。1917年随潘兴赴法参战。一战之后，巴顿组建了美国第一支坦克部队，他因此获得"美国第一坦克兵"的美誉。

巴顿善于发挥装甲兵优势实施快速机动和远距离奔袭，组建美国第一支坦克部队，参加了美军在二战中欧洲战场的大部分军事行动，战绩显赫。巴顿所做的一项改革迄今仍影响美军，即随军牧师主日讲道时间不得超过15分钟。1939年受命组建装甲旅，晋升为准将。1942年任第1装甲军军长、少将军衔，同年8月率4万铁骑横渡大西洋登陆北非。

1943年与英国将军蒙哥马利联手取得阿拉曼战役胜利，肃清了北非德军后，晋升为中将，任第1军团司令，指挥了登陆意大利西西里岛战役。1944年任第3军团司令，作为第2梯队参加诺曼底登陆，指挥装甲兵团横扫欧洲。

1944年末的突出部战役中，巴顿在24小时内转移部队方向，由法国南部到达位于比利时南部境内巴斯通地区救援遭到围困的美军第101空降师，率所属之装甲部队痛歼德军，其所率之部被称为"车轮上的恶魔"，其后直至奥地利。9个月间，歼敌140万，解放大小城镇1.3万座，且相对伤亡最小。第二次世界大战后擢升四星上将，任德国巴伐利亚州的军事长官兼15军团司令。艾森豪威尔给巴顿下结论说，他有一种"非凡而又残酷的推动力"。

布雷德利给巴顿写了一个不同寻常而又合情合理的评语："生龙活虎，英勇果敢，精力充沛，性格开朗，但有些急躁。具有高水平的领导才能，在战斗中一往无前，对敌我双方的力量。心中有数。他总是乐于并且全力支持上级的计划，而不管他自己对这些计划的看法如何。"

二战刚刚结束，1945年12月9日，巴顿在打猎途中遇车祸受伤，高位截瘫，12月21日便在海德堡不治身亡。

蒙哥马利

把德军赶出非洲的沙漠猎手

国　　籍：英国
出生地：伦敦
生卒年：1887—1976
最高军衔：陆军元帅

英国陆军元帅，战略家，军事家，第二次世界大战中盟军杰出的指挥官之一。著名的阿拉曼战役、诺曼底登陆为其军事生涯的两大杰作。

1887年11月17日，蒙哥马利出生在伦敦肯宁敦区圣马克教区的一个牧师家庭。1901年14岁时才正式上学，文化成绩低劣，但体育成绩很棒。1907年考入了桑德赫斯特英国皇家军官学校。1908年12月任英国驻印度的皇家沃里克郡团少尉排长。

第一次世界大战期间曾负重伤。大战结束时任师司令部中校参谋。1920年1月进入坎伯利参谋学院深造。1926年1月调回参谋学院任教官。1930年陆军部选派他担任步兵教令的重编工作。1934年任奎达参谋学院的首席教官。1937年调任第9步兵旅旅长。1938年12月任驻巴勒斯坦第8师师长，参与镇压巴勒斯坦人的武装暴动，被晋升为少将。1939年8月，回国接任以"钢铁师"著称的英国远征军第3师师长。

1942年8月蒙哥马利正式接管英国第8集团军司令职务。同年10月至11月，蒙哥马利发动了阿拉曼战役，一举击溃隆德国非洲军团，扭转了北非战局。随后乘胜追击，率领第8集团军和盟军配合于1943年5月在突尼斯全歼北非残敌。蒙哥马利由此声誉大振，被人们称之为捕捉

"沙漠之狐"的猎手。阿拉曼战役后，蒙哥马利受封为爵士，并因功被提升为陆军上将，同时被授予巴斯骑士勋章。

1943年7月，他率英军在西西里登陆。协同美军实施意大利战役，进军意大利半岛。1944年9月1日，蒙哥马利被英国王室晋升为元帅。1945年3月，他指挥第21集团军横渡莱茵河进入德国本土。5月，驻荷兰、德国西北部和丹麦的150万德军向蒙哥马利投降。二战结束后，蒙哥马利任驻德英国占领军司令和盟国对德管制委员会英方代表。

1946—1948年间，蒙哥马利任大英帝国总参谋长，受封阿拉曼子爵。1948年10月出任西欧联盟各国陆海空军总司令委员会常任主席。1951年4月2日，北大西洋公约组织最高司令部成立，艾森豪威尔将军任最高司令部司令，蒙哥马利任最高副司令。1958年，蒙哥马利结束了50年的军旅生涯。他是英国历史上服役最久的将领。

1976年3月25日，一代名将蒙哥马利病逝于在英格兰伦敦汉普郡奥尔顿，享年89岁。

蒙哥马利是一位谨慎、严谨的战略家。在每次出战前，在人力、物力上做好充分准备。他治军严格，注重从实战出发训练部队。强调鼓舞部队士气，认为发挥人的积极性是取得胜利的重要因素。主张做好战前准备，制订周密的作战计划。著有《蒙哥马利元帅回忆录》《通向领导的道路》《战争史》《从阿拉曼到桑格罗河》《从诺曼底到波罗的海》等书。

邓尼茨

策划"狼群"行动的海军元帅

国　籍：德国
出生地：格林瑙
生卒年：1891—1980
最高军衔：海军元帅

德意志帝国总统，总理，作战部部长，武装部队统帅，海军总司令，潜水艇部队司令，德国海军元帅。

邓尼茨出生在一个贵族家庭，19岁加入德国海军，从此开始了长达35年的海上冒险生涯。1916年，邓尼茨被调往潜艇部队。他立即迷上了这种海战武器，并由此踏上了他辉煌的海军事业起点。两年后，邓尼茨升任UB—68号潜艇的艇长，在地中海战区执行任务。邓尼茨与德军最富冒险精神的潜艇指挥官施泰因鲍尔共同研究了潜艇攻击的新战术，把传统的潜艇攻击的时间由白天改到夜晚，在夜色掩护下溜过敌方驱逐舰警戒线，直接向商船发动攻击。

第一次世界大战的1918年10月3日，潜艇突然失控，被迫上浮，他和艇员们成了俘虏，被送往英国关押。结束后，获释回国的邓尼茨转入水面舰艇服役。

1934年9月，德军重新组建潜艇部队。邓尼茨被任命为海军"首席潜艇官"全权处理潜艇的发展计划、战略战术、训练等所有事宜。在短短4年间，他使德军潜艇部队发展为一支几乎要改变第二次世界大战进程的海上力量。

1939年9月3日，邓尼茨的U—30号潜艇很快就把英国客轮"雅典娜"号送入海底。德国潜艇随即倾巢出动，向英国舰船全力攻击。尽管邓尼茨的潜艇数量不多，但仍创造出了耀眼的战绩，其中U—47号潜艇躲过英军层层警戒，潜入英国斯卡帕湾基地，一举击沉英国战列舰"皇家橡树"号，轰动一时，邓尼茨因此晋升为海军上将，就任潜水舰队总司令。

1940年夏季，德军占领法国。邓尼茨将潜水舰队指挥部迁到法国，以法国沿海港口为潜艇基地，放出一批批"狼群"向英国船队展开全面攻击。"狼群"战术立显奇效。从6—11月，德国潜艇共击沉舰船272艘，共计139.5万吨，这是"狼群"狩猎的第一个"黄金时期"。在整个作战期间，邓尼茨对每一艘潜艇都实施严格控制。只有在开始攻击时才让他的艇长们自由发挥。但何时攻击和何时做出战斗则由他来决定，并要求严格执行。邓尼茨的"狼群"在大西洋肆意施虐，使盟军蒙受巨大的损失。由于希特勒的赏识，他于1943年出任海军总司令，又晋升海军元帅。

1945年5月8日，邓尼茨签署文件，宣布德国无条件投降。他本人被判处10年徒刑。1956年，邓尼茨刑满出狱，赋闲在家，直到1980年病逝。1959年，英国海军大臣肯宁安上将曾这样评论他："我们首先应该知道，当德国放弃了侵英计划之后，邓尼茨想出了什么绝招来征服我们。他那永不停息的战略，其要点就是以炸沉我们的商船为手段，达到慢慢葬送我们的目的。他知道，大西洋是德国争取胜利的唯一战场，他极力反对把兵力分散于地中海，甚至北海。我要再次指出，这是唯一正确的见解。邓尼茨是继荷兰人德路特之后对英国最危险的敌人。"

隆美尔

英军眼中的沙漠之狐

国　籍：德国
出生地：海登海姆
生卒年：1891—1944
最高军衔：陆军元帅

第二次世界大战期间纳粹德国的三大名将之一。在西方军界，有人称他指挥的装甲师为"魔鬼师"，英国人送给他"沙漠之狐"的美誉，有人甚至称他为"二十世纪的汉尼拔"。

隆美尔出生在德国南部海登海姆市，1910年中学毕业后从军，入但泽皇家军官候补学校学习。第一次世界大战期间任连长，先后获得3枚十字勋章。一战后，历任德累斯顿步兵学校战术教员、戈斯拉尔市猎骑兵营营长等职，因著有《步兵进攻》一书，引起希特勒的重视。1938年调任希特勒大本营卫队长，曾陪同希特勒巡视捷克斯洛伐克。

第二次世界大战爆发后，隆美尔作为德国最高统帅部的指挥官之一，受到希特勒的器重。1940年2月，希特勒任命他为第7装甲师师长，在闪击西欧的战争中，隆美尔指挥装甲第7师冲在最前面，先克比利时，接着是阿拉斯、索姆，最后直捣法国西海岸，被法国人称之为"魔鬼之师"。

1941年2月，隆美尔被任命为非洲军团总指挥，2月底，隆美尔获得敌方一个新情况，英军王牌第7装甲师撤回埃及，进行休整和补充。3月15日，隆美尔把德国和意大利的军队组成混合纵队，从塞尔提向穆尔祖赫发起进攻，迅速向南挺进了450英里。这次行动给英军以意想不到的打击，同时还获得了在非洲条件下作战怎样利用装备和如何长途行军的经验，为以后的进攻打下了基础。3月24日清晨，隆美尔指挥德军又攻占了艾阿格海拉地区的要塞、水源地和飞机场。英军撤到阿吉打比亚地区。3月31日晨，在英军立足未稳的时候，德军开始向梅尔沙隘道进攻。双方经过一天的激烈战斗，德军于傍晚占领了该隘道。第二天，德军又向阿吉打比亚发起攻击，也是用了一天的时间便占领了阿吉打比亚周围的地方。在这次战斗中，隆美尔为了不让敌军知道自己的实力，他用汽车改装成许多假战车，迷惑敌军，收到了良好的效果。由于隆美尔灵活使用机械化部队，不给敌军喘息机会，所以，不到一个星期，英军就从昔兰尼加的西界阵地后退了200英里，不到两个星期，英军从昔兰尼加的东界后退400英里，只剩下了一支被围困在托卜鲁克的部队。隆美尔把取得北非战场胜利的主要原因，总结为："先发制人，速度第一""最好的防御就是进攻"。英军因为隆美尔指挥作战灵活，能够根据沙漠地形、气候等特点用兵，常常以少胜多、从被动变为主动，而称他为"沙漠之狐"。

英军撤到托卜鲁克后，大量增援部队赶来加强防守，双方形成了拉锯战。1942年6月，德军才攻克托卜鲁克要塞。希特勒为了奖赏隆美尔这一次胜利，把当时只有49岁的隆美尔提升为元帅。

此后，隆美尔因病回国疗养，北非军团在阿拉曼战役中败北，德军失去在非洲的主动权。1944年7月20日，刺杀希特勒的计划失败，这个事件牵连了很多的高级将领和军官，其中也包括隆美尔。1944年10月14日，正在养伤的隆美尔因被指控参与了7月20日谋杀事件而服毒自杀。

朱可夫

能攻善守的苏联军神

国　　籍：苏联
出 生 地：莫斯科
生 卒 年：1896—1974
最高军衔：苏联元帅

苏联元帅,军事家，第二次世界大战中最优秀的将领之一。指挥了彼得格勒保卫战、莫斯科保卫战、伏尔加格勒会战等战役，成功地粉碎了德国的侵略，并率领苏联红军攻占柏林。

朱可夫的父亲是个穷鞋匠。9岁那年，朱可夫到莫斯科一家毛皮作坊学徒。他的吃苦耐劳和忠诚老实受到老板赏识，5年以后当上了师傅。

第一次世界大战爆发后，朱可夫被征兵上了战场，从此开始他的军事生涯。

十月革命以后，朱可夫参加了红军骑兵，在保卫苏维埃的战斗中英勇作战，多次立功受奖，连连得到提升。至1937年秋，他已成为骑兵第3军军长。1939年，日军侵犯中蒙边界，朱可夫受命指挥作战。这一仗不仅狠狠打击了日军的嚣张气焰，也充分显示出朱可夫的指挥才干。1941年，45岁的朱可夫出任苏联国防人民委员部人民委员兼苏军总参谋长。

1941年6月22日，德军发动进攻。在苏军节节败退的情况下，基辅失陷，朱可夫以预备队方面军司令员的身份赴叶利尼亚前线指挥反击，成功地实施了卫国战争期间苏军的第一次进攻战役，重创德军的突击军团。这一胜利极大地鼓舞了苏联人民。1941年9月，朱可夫临危受命，就任彼得格勒方面军司令员，挫败了敌人夺取彼得格勒的计划。

哪里有危机，朱可夫就出现在哪里。1941年10月6日，朱可夫被任命为西方方面军司令员，担负着保卫莫斯科的重大使命。在这次举世闻名的战役中，朱可夫作为拯救莫斯科的英雄而名声大噪。

1942年2月，朱可夫被任命为西部方向军总司令，统一指挥了伏尔加格勒保卫战、突破彼得格勒封锁、库尔茨克会战和第聂伯会战。由于每战必胜，朱可夫被人们誉为常胜将军，1943年1月晋升为元帅。1944年3月，朱可夫任乌克兰第1方面军司令员，他率领部队以风卷残云之势扫荡德军，他的速度之快使苏联新闻局无法及时准确地报道，有一次只好笼统地报道："今天解放了240个地方。"

1944年9月，朱可夫调任进攻柏林的主力军——白俄罗斯第1方面军司令员。1945年在他的指挥下，红军以摧枯拉朽之势攻克柏林，于5月8日深夜主持纳粹德国无条件投降仪式，并代表苏联签字；同年6月24日，在莫斯科红场举行的胜利大阅兵中担任检阅首长（罗科索夫斯基为受阅部队总指挥）。战后，由于战功显赫和自身性格的缺点，朱可夫遭到斯大林的猜忌。赫鲁晓夫时代曾任国防部长职务。后被以"波拿巴主义者"的莫须有罪名——即图哈切夫斯基冤案同一名称的罪名——解除了朱可夫的国防部长职务。

1974年，朱可夫元帅病逝。

在二战中，朱可夫先后指挥并取得了彼得格勒保卫战、莫斯科保卫战、伏尔加格勒保卫战、库尔茨克会战、柏林攻坚战等一系列决定二战战局的大规模战役胜利，为反法西斯事业做出巨大贡献。

柏拉图

古希腊哲学家、教育家，希腊三贤之一，西方哲学的奠基者

生卒年：约前427—前347
国　籍：古希腊
家　庭：贵族
出生地：雅典

性　格：睿智、执着
志　趣：传播思想、教书育人
身　份：教师、思想家

西方伟大的哲学家和思想家之一，他和老师苏格拉底，学生亚里士多德并称为古希腊三大哲学家。

柏拉图出身于雅典贵族家庭，20岁时成为苏格拉底的弟子，公元前404年民主制复辟后，公元前399年判苏格拉底死刑，这使柏拉图对现存的政治体制完全失望。他决心通过哲学改变统治者，进而改造国家。怀着这一政治抱负，他三下西西里岛，企图通过培养教育独裁者叙拉古狄奥尼索斯一世和二世的途径建立新的政体，以实现他的贵族政治理想，并远到埃及、小亚细亚从事政治活动。但屡受挫折。柏拉图的政治理想遂彻底破灭。

公元前387年柏拉图自西西里返回雅典之后，他在以希腊英雄阿卡德米命名的运动场附近创立学园，学园成为西方文明最早的有完整组织的高等学府之一，后世的高等学术机构也因此而得名。

柏拉图著有《理想国》《法律篇》《会饮篇》《斐多篇》等。

哲学上，柏拉图建立了以理念论为核心的客观唯心主义体系。认为世界由"理念世界"和"现象世界"所组成。认为理念的世界是真实的存在，永恒不变，是独立于个别事物和人类意识之外的实体。而人类感官所接触到的这个现实的世界，感性的具体事物是不真实的，只不过是理念世界的微弱的影子，它由现象所组成，它是完善的理念的不完善的"影子"或"摹本"。最高的理念是"善的理念"。柏拉图认为，辩证法是最高级的认识。

柏拉图认为，自然界中有形的东西是流动的，但是构成这些有形物质的"形式"或"理念"却是永恒不变的。譬如一般意义的马是不变的，具体的马则会变化。

柏拉图认为，我们对那些变换的、流动的事物不可能有真正的认识。这种将理性绝对化、孤立化，使感觉和理性之间对立起来的思想，成了中世纪经院派教条主义教学方法的理论基础。

在政治观上，柏拉图设计了一整套"理想国"方案，并主张由"哲学王"来治理国家。柏拉图认为国家起源于劳动分工，因而他将理想国中的公民分为治国者、武士、劳动者3个等级，分别代表智慧、勇敢和欲望3种品性。治国者依靠自己的哲学智慧和道德力量统治国家；武士们辅助治国，用忠诚和勇敢保卫国家的安全；劳动者则为全国提供物质生活资料。3个等级各司其职，各安其位。在这样的国家中，治国者均是德高望重的哲学家，只有哲学家才能认识理念，具有完美的德行和高超的智慧，明了正义之所在，按理性的指引去公正地治理国家。治国者和武士没有私产和家庭，因为私产和家庭是一切私心邪念的根源。劳动者也绝不允许拥有奢华的物品。理想国重视教育，有一整套教育方法、教育理念。他认为，其他的政体都是这一理想政体的蜕变，这一政治思想带有明显的空想色彩。

亚里士多德

世界古代史上最伟大的哲学家、科学家和教育家之一

生卒年：前384—前322
国　籍：古希腊
家　庭：宫廷御医
出生地：色雷斯的斯塔吉拉
性　格：睿智
志　趣：科学研究、哲学思考
身　份：哲学家、科学家和教育家

　　古希腊最伟大的哲学家、科学家，创立逍遥学派，马克思曾称亚里士多德是古希腊哲学家中最博学的人物,恩格斯称他是古代的黑格尔。

　　亚里士多德的出生地是希腊的一个殖民地，与正在兴起的马其顿相邻。公元前366年亚里士多德被送到雅典的柏拉图学园学习长达

20年，在学园中，亚里士多德表现得很出色，柏拉图称他是"学园之灵"。但亚里士多德可不是个只崇拜权威，在学术上唯唯诺诺而没有自己的思想的人。他不赞同老师的理念论。他曾经隐喻的说过，"智慧不会随柏拉图一起死亡。"柏拉图去世后，由于学园的新首脑赞同柏拉图哲学中的数学倾向，令亚里士多德无法忍受，便离开学园。

公元前341年，亚里士多德接受马其顿的国王腓力浦二世聘请，成为13岁的亚历山大大帝的老师。亚里士多德对这位未来的世界领袖灌输了道德、政治以及哲学的教育。在亚里士多德的影响下，亚历山大大帝对科学事业非常支持，对知识十分尊重。使亚里士多德能够专心办学和潜心学术研究。

公元前335年腓力浦去世，亚里士多德回到雅典，建立了自己的吕刻（昂）俄斯（Lyceum）学园，招生教学。亚里士多德非常重视教学方法，他反对刻板的教学方式，经常带着学生在花园林荫大道上一边散步、一边讨论学术问题，由此后人把亚里士多德学派称作"逍遥学派"。亚历山大死后，雅典人开始奋起反对马其顿的统治。亚里士多德因被指控不敬神而逃到加尔西斯避难，次年病逝。

亚里士多德的学术成果之多，贡献之大，令人震惊。他的著作几乎构成了古代的百科全书，他至少撰写了170种著作，其中流传下来的有47种，开创了逻辑学、伦理学、政治学和生物学等学科的独立研究，史称"逻辑之父"。

亚里士多德是伟大的具有唯物主义思想的哲学家，他认为万物是形式与质料的和谐统一。"质料"是事物组成的材料，"形式"是事物的个别特征。这一理论表现出自发的辩证法的思想。

亚里士多德在哲学上最大的贡献在于创立了形式逻辑这一重要分支学科。逻辑思维是亚里士多德在众多领域建树卓越的支柱，这种思维方式自始至终贯穿于他的研究、统计和思考之中。

亚里士多德认为分析学或逻辑学是一切科学的工具。

亚里士多德主张学生要德、智、体、美全面发展，且在不同时期各有所侧重。亚里士多德认为理性的发展是教育的最终目的，主张国家应对奴隶主子弟进行公共教育。使他们的身体、德行和智慧得以和谐地发展。在教学方法上,亚里士多德重视练习与实践的作用。

亚里士多德认为运行的天体是物质的实体,地是球形的,是宇宙的中心;地球和天体由不同的物质组成,地球上的物质是由水气火土四种元素组成,天体由第五种元素"以太"构成。

亚里士多德反对原子论,不承认有真空存在;他还认为物体只有在外力推动下才运动,外力停止,运动也就停止。

托马斯·阿奎那

13世纪意大利神学家,著名的经院哲学家

生 卒 年:1225—1274
国　　籍:意大利
家　　庭:贵族家庭
出 生 地:那不勒斯的阿奎诺
性　　格:谦虚、沉稳
志　　趣:圣经、哲学
身　　份:神学家、经院哲学家

托马斯5岁时接受启蒙教育。14岁转入那不勒斯大学攻读文学。期间加入了多米尼克修会。后受修会派遣到巴黎大学深造,在那里拜阿尔伯特为师。不久被阿尔伯特带到科隆继续学习。他的《答外教人》一书,让他成了国际神哲学界的权威。

1259—1268年间曾先后担任亚历山大四世、乌尔班四世、克雷其四世3位罗马教皇教廷的神学教师和法王路易九世的神学顾问。1274年,应教皇之召赴里昂参加宗教会议,不幸于中途因病去世。

托马斯继承老师阿尔伯特的思想路线,不顾教会保守势力的反对,适应时代的新思潮,将基督教的神学思想和亚里士多德的哲学融合在一

起，建立起了庞大的经院哲学体系。

大约在公元1266年，他着手编写经院哲学中最伟大的不朽名著《神学大全》。他提出了理性与信仰、哲学与宗教的关系问题。他认为理性的思辨是人的智能活动，人对外界的认识来自视觉、听觉、嗅觉、味觉和触觉等一些感觉经验，许多感觉联合成统一的记忆，许多记忆复合为感官经验，对各种经验的总结归纳使人开始认识事物，然后进行理性思辨，从而得到对外界的认识。他还认为人的自然理性可以得到真理，但更多的是得到错误，因而只能认识教低级的事物。关于上帝的更高的真理，只能来自启示，来自信仰。理性虽有它自身的领域，但它从属于信仰。在神学和哲学的关系方面，他认为，哲学服务于神学，神学的原理来自神给予的启示，不需凭借其他科学。神学的确定性来自神的光照，不会犯错误，而其他科学的确定性来自人的理性，可能会犯错误。神学探究的对象高于理性探究的外部世界，神学的目的在于永恒的幸福，因此，神学高于哲学。神学使用哲学，但并不是非要哲学不可，哲学是神学的奴仆。

在宗教哲学方面，他提出了著名的上帝论，他通过五种论证来证明上帝的存在，为上帝的存在找到了理论根据，他的上帝主宰学说对后世产生极其重大的影响。

托马斯根据宗教教义与亚里士多德的有关学说，提出处理经济关系的基本原则应当是分配的公正与交换的公正。他把财富分成两种，即自然财富和人为财富。认为自然经济是一国幸福的基础，金银财富作为人为财富，不应成为国家和个人追求的目标。

在伦理学问题上，托马斯吸取了亚里士多德关于至善的理论，但把至善和上帝联系在一起。他认为，人是一种有目的的动物，人的一切行动乃至整个人生都在追求着某种目的、幸福或者善。人的至善和最高幸福就在于承认上帝、信仰上帝、认识上帝、分有上帝。

哥白尼

现代天文学创始人，日心说的创立者

生卒年：1473——1543
国　籍：波兰
家　庭：商人
出生地：托伦布
性　格：勤勉、虔诚
志　趣：天文
身　份：医生、教士、天文学家

波兰伟大的天文学家、日心说的创立者,近代天文学的奠基人。

哥白尼的父亲是个当议员的富商，10岁时，他的父亲去世后，被送到了舅舅务卡施大主教家。务卡施是一个人文主义者，哥白尼在念中学的时候，务卡施就带着他参加人文主义者的聚会。1491年，按照舅父的安排，哥白尼到克拉科夫大学去学习天文和数学。1496年，来到文艺复兴的策源地意大利，攻读法律、医学和神学，其间天文学家诺瓦拉对哥白尼影响极大，在他那里学到了天文观测技术以及希腊的天文学理论。

在意大利北部的波伦亚大学，他结识了当时知名的天文学家多米尼克·玛利亚，同他一起研究月球理论。经过长期的天文观测和研究，约1510年前后，在赫尔斯堡，哥白尼为阐述自己关于天体运动学说的基本思想撰写了题为《试论天体运行的假设》的短文，它宣布："所有的天体都围绕着太阳运转，太阳附近就是宇宙中心的所在。地球也和别的行星一样绕着圆周运转。它一昼夜绕地轴自转一周，一年绕太阳公转一周……"1533年，哥白尼在罗马做了一系列的讲演，进一步提出了他的学说的要点。不久，经过长年的观察和计算，伟大的《天体运行论》终于完成。文中阐述了著名的日心学说，提出"宇宙是球形""大地也是球形""天体的运动是均匀永恒之圆运动或复合运动"的观点。书中公布恒星年的时间为365天6小时9分40秒，误差只有百万分之一；月亮到地球的平均距离是地球半径的60.30倍，误差只有万分之五。在《天体运行论》中哥白尼还详细讲解了地球的三种运动（自转、公转、赤纬运动）所引起的一系列现象，岁差现象、月球运动、行星运动的及金星、水星的纬度偏离和轨道平面的倾角。《天体运行论》的诞生，使当时所知道的太阳系内天体的位置和运动状况更为完整了。

哥白尼《天体运行论》的日心说，科学地阐明了天体运行的现象，推翻了一千多年以来在西方居于统治地位的托勒密地心说，并从根本上否定了基督教关于上帝创造一切的谬论，从而实现了天文学中的根本变革。由于哥白尼的学说触犯了基督教的教义，遭到了教会的反对，其后他的著作被列为禁书。但真理是封锁不住的，这一光辉学说经过三个世纪的艰苦斗争，终于在1882年得到罗马教皇的承认。

弗兰西斯·培根

现代实验科学的始祖，英国近代著名哲学家，唯物主义哲学代表人物，散文家

生卒年：1561—1626
国　籍：英国
家　庭：贵族、官宦世家
出生地：伦敦
性　格：聪明
志　趣：科学研究、著书立说
身　份：官员、科学家、思想家

英国文艺复兴时期最重要的哲学家、作家和科学家。被马克思称为"英国唯物主义和整个现代实验科学的真正始祖"。

培根的父亲是英国女王的掌玺大臣、男爵、大法官。12岁时,培根被送入剑桥大学三一学院深造,攻读法律。在校学习期间,他思想倾向进步,对传统的观念和信仰产生了怀疑,开始独自思考社会和人生的真谛,反对教皇干涉英国内部事物。

毕业后,培根作为英国驻法大使埃米阿斯·鲍莱爵士的随员来到了法国,在旅居巴黎两年半的时间里,汲取了许多新的思想,这对他的世界观的形成起到了很大的作用。1579年,父亲病逝,在赡养助学之资无靠的情况下,培根住进了葛莱法学院,一面攻读法律,一面四处谋求职位。1582年,他终于取得了律师资格,1584年当选为国会议员,1589年,成为法院出缺后的书记。1597年,培根发表了他的处女作《论说随笔文集》。他在书中将自己对社会的认识和思考,以及对人生的理解,浓缩成许多富有哲理的名言警句,受到广大读者的欢迎。

培根的仕途之路在1602年发生重大转机,这一年伊丽莎白去世,詹姆士一世继位。由于培根曾力主苏格兰与英格兰的合并,受到詹姆士的大力赞赏。培根因此平步青云,扶摇直上。1617年提升为掌玺大臣,1618年晋升为英格兰的大陆官,授封为维鲁兰男爵,1621年又授封为奥尔本斯子爵。但1621年,培根被国会指控贪污受贿,被高级法庭判处罚金四万镑,监禁于伦敦塔内,终生逐出宫廷,不得任议员和官职。培根因此身败名裂。从此培根不理政事,开始专心从事理论著述。

培根对人类哲学史、科学史都做出了重大的贡献。在科学、哲学、逻辑学、美学、教育学方面也提出许多思想。培根尖锐地批判了中世纪经院哲学,认为经院哲学和神学严重地阻碍了科学的进步。

他提出著名的"四假相说"。第一种是"种族的假相",这是由于人的天性而引起的认识错误;第二种是"洞穴的假相"是个人由于性格、爱好、教育、环境而产生的认识中片面性的错误;第三种是"市场的假相",即由于人们交往时语言概念的不确定产生的思维混乱。第四种是"剧场的假相"这是指由于盲目迷信权威和传统而造成的错误认识。

培根指出,经院哲学家就是利用四种假相来抹杀真理,制造谬误,从而给予了经院哲学沉重的打击。培根认为当时的学术传统是贫乏的,原因在于学术与经验失去接触。他主张科学理论与科学技术相辅相成。他主张打破"偶像",铲除各种偏见和幻想,他提出"真理是时间的女儿而不是权威的女儿"，对经院哲学进行了有力的攻击。

他提出了唯物主义经验论的原则，认为知识和观念起源于感性世界，感觉经验是一切知识的源泉。主张以实验和观察材料为基础，经过分析、比较、选择、排斥，最后得出正确的结论。为此，罗素尊称培根为"给科学研究程序进行逻辑组织化的先驱"。

培根打算撰写一部6卷本百科全书式的著作——《伟大的复兴》。但只完成了其中的《论学术的进展》《新工具》和《新大西岛》。

牛 顿

英国伟大的科学家，构建了经典力学理论体系的大厦

生卒年：1642—1727
国　籍：英国
出生地：林肯郡
身　份：物理学家、数学家、天文学家
志　趣：科学研究、创造发明

英国伟大的数学家、物理学家、天文学家和自然哲学家，发现了万有引力定律。

牛顿作为遗腹子出生在英格兰一个自耕农家庭。他从小就善于思考，酷爱读书。1661年，19岁的牛顿进入剑桥大学三一学院学习，于1665年获得学士学位。在求学期间，他不仅自学了大量科学知识，还得到恩师巴罗的悉心指导，为以后的科学研究之路打下了坚实的基础。26岁时，牛顿晋升为三一学院的教授。

牛顿在科学上最卓越的贡献是微积分和经典力学的创建。牛顿在解析几何、数值分析、概率论等领域都有建树，并著有《普遍算术》一书。微积分的创立是他最卓越的数学成就，牛顿将自古希腊以来求解无限小问题的各种技巧统一为两类普通的算法——微分和积分，并确立了这两类运算的互逆关系，从而完成了微积分发展史上最关键的一步，为近代科学发展提供了有效的工具，开辟了数学史上的一个新纪元。

一个苹果的偶然落地，引起了牛顿的思索。在对此现象进一步研究中，他发现了对人类具有划时代意义的万有引力定律。他从力学的基本概念(质量、动量、惯性、力)和基本定律(运动三定律)出发，引入微积分概念，在数学方面完成了对万有引力定律的论证，而且把经典力学建构成为一门完整而严密的体系，从而把天体力学和物体力学统一起来，实现了物理学史上第一次大的综合。在光学方面，牛顿发现了白光是由不同颜色的光组成的，制成了第一架反射望远镜样机，并提出了光的"微粒说"。

牛顿运动定律是牛顿提出了物理学的三个运动定律的总称，被誉为是经典物理学的基础。它由牛顿第一定律（惯性定律：一切物体在不受任何外力的作用下，总保持匀速直线运动状态或静止状态，直到有外力迫使它改变这种状态为止。——它明确了力和运动的关系及提出了惯性的概念）、牛顿第二定律（物体的加速度跟物体所受的合外力F成正比，跟物体的质量成反比，加速度的方向跟合外力的方向相同。）公式：$F=ma$ 和牛顿第三定律（两个物体之间的作用力和反作用力，在同一条直线上，大小相等，方向相反。）组成。

晚年的牛顿过着贵族生活，并担任英国皇家学会会长多年。1727年3月20日，牛顿与世长辞，享年85岁。同许多杰出的英国人一样，他也被安葬在著名的威斯敏斯特教堂。

伏尔泰

法国哲学家、历史学家、文学家

生卒年：1694—1778
国　籍：法国
家　庭：中产阶级

出生地：巴黎
性　格：豁达乐观
志　趣：文学
身　份：作家、思想家

18世纪法国启蒙运动的倡导者，著名的哲学家、文学家、历史学家。

伏尔泰自小受过良好的教育，才思敏捷，多才多艺。他父亲是法律公证人，希望他将来做个法官。他的作品以尖刻的语言和讽刺的笔调而闻名。他曾因辛辣地讽刺封建专制主义而两度被投入巴士底狱。他的书被列为禁书，他本人多次被逐出国门。

1725年他被迫流亡英国期间，对英国资产阶级的政治、文化产生了浓厚的兴趣。他研究英国的资产阶级君主立宪制，研究洛克的唯物主义经验论和牛顿的万有引力理论。因出版《哲学书简》（又名《英国书简》），宣扬英国资产阶级革命后的成就，抨击法国的专制政体，遭通缉。为此，他逃至女友爱特莱夫人在西雷村的庄园，隐居15年。1746年当选为法兰西学院院士。

伏尔泰抱着对开明君主的幻想，应普鲁士国王弗里德里希二世的邀请，于1750年来到柏林。他本想在政治上有所作为，但弗里德里希二世却把他当文学侍从看待。痛苦的经历使他决心不再与任何君王往来。1753年他离开柏林，寄居瑞士。

1760年起定居法国和瑞士边境的费尔奈庄园。费尔奈成了欧洲舆论的中心，当时的进步人士尊称伏尔泰为"费尔奈教长"。1763年底，伏尔泰发表了著名的《论宗教宽容》，猛烈抨击反动教会的宗教迫害和专制政体草菅人命的黑暗现象，阐述了他的理想主义和唯物主义思想。

在整个晚年，伏尔泰以更加旺盛的斗志从事大量的创作，先后为《百科全书》撰写了613条辞目，并于1764年汇编成册，以"哲学辞典"为题公开发表。

伏尔泰尖刻地抨击天主教会的黑暗统治。他把教皇比作"两足禽兽"，把教士称作"文明恶棍"，说天主教是"一些狡猾的人布置的一个最可耻的骗人罗网"。他号召"每个人都按照自己的方式同骇人听闻的宗教狂热作斗争。"

伏尔泰信奉自然权利说，认为"人们本质上是平等的"，要求人人享有"自然权利"。他主张人人在法律面前平等，但又认为财产权利的不平等是不可避免的。

他在哲学上信奉英国唯物主义哲学家洛克的经验论。他承认物质世界的客观存在，肯定认识来源于感觉经验，不过，他又认为神是宇宙的"第一推动者"。他对劳动人民十分轻视，认为他们只能干粗活，不能思考，认为"当庶民都思考时，那一切都完了"。

1778年2月因操劳过度，加之尿毒症发作，被迫卧床。5月30日晚上11时，伏尔泰与世长辞。反动教会对这位亵渎宗教的宿敌恨之入骨，下令连夜将他的尸体运出巴黎，弃之荒冢。在法国大革命后，伏尔泰的骨骸被移葬到伟人公墓。

狄德罗

唯物主义哲学家，百科全书派代表人物

生　卒　年：1713—1784
国　　　籍：法国
家　　　庭：刀剪业
出　生　地：郎格里
性　　　格：执着
志　　　趣：著书立说
身　　　份：哲学家、美学家、文学家

法国启蒙思想家、哲学家和作家，百科全书派的代表。他的最大成是主编了《百科全书》，此书概括了18世纪启蒙运动的精神。

德尼·狄德罗童年接受过耶稣会学校教育，1732年狄德罗获巴黎大学文科硕士。青年时代，一直过着贫困的生活，磨炼了意志，了解了社会。他博览各种科学和哲学书籍，获得"哲学家"的绰号。1745年英国人米尔斯和德国人塞利阿斯邀请文人学者团体编纂百科全书的法文版，由此开创了由狄德罗主编《百科全书》的人类文化事业。围绕《百科全书》的编纂，狄德罗形成了一个学派，著名学者有孟德斯鸠、伏尔泰、卢梭、霍尔巴赫、孟戴尔等。为了《百科全书》狄德罗奋斗了30年。1784年2月他开始咯血，7月13日去世。

在《百科全书》《哲学思想录》《对自然的解释》《怀疑者漫步》《论盲人书简》等著作中，表述了狄德罗的唯物主义哲学思想；在他的《美之根源及性质的哲学的研究》《论戏剧艺术》《谈演员》《绘画论》《天才》等著作中，阐述了他的美学、文学思想。

狄德罗的哲学思想既反映形而上学的思维方式，又夹杂着一些辩证法的因素。《论盲人书简》充分表述了无神论思想。这种思想没有停留在以触觉为衡量事物存在与否的准则上，深入到了理论思维的领域。

狄德罗把世界设想为一个大系统，认为其中存在的只有时间、空间与物质；物质本身具有活力，能够自行运动，不需要它以外的神秘力量参与；运动是物质的一种属性，物质与运动不可分割的联系造成绚丽多彩的大千世界，这个世界是统一的，统一于物质。

在狄德罗的自然观中，含有转化的观念。他肯定自然事物可以相互转化，转化还涉及事物质的变化。但狄德罗的自然观仍然存在形而上学倾向。他把一切变化都归结为"纯粹数量增长"，把自然中的因素看作是一成不变的，认为由元素组合的事物，通过嬗变而彼此交替，只能形成循环的局面。

在认识论方面，狄德罗强调感觉论，认为出现在理智之中的，必然首先导源于感性知觉，他从认识的起源上反驳先验论以及纯属思辨性质的形而上学。主张感性与理性两条轨道相辅相成，共同推进人类认识。

他继承并发展了笛卡儿、洛克和拉·美特利的唯物主义，反对贝克莱和休谟的唯心主义与不可知论。他认为没有超物质或离开肉体的精神和心理，他把人比喻为一架具有感觉和记忆能力的钢琴，嘲笑贝克莱"以为自己是世界上存在的唯一的钢琴，宇宙的全部和谐都发生在它身上"，这真是一架"发疯的钢琴"。

康 德

哲学家、星云说的创立者之一，德国古典唯心主义创始人

生卒年：1723—1790
国　籍：德国
家　庭：手工业者
出生地：科尼斯堡
性　格：执着
志　趣：天文学、伦理学
身　份：教师、思想家

德国哲学家、天文学家、星云说的创立者之一、德国古典哲学的创始人，唯心主义，不可知论者，德国古典美学的奠定者。

康德6岁入小学，13岁母亲去世，16岁考取哥尼斯堡大学哲学院学习。22岁父亲去世时，他的《论活力的正确评价》一书付印。1747年后康德先后在牧师、军官、伯爵家当教师。1754年回到哥尼斯堡大学任讲师，他博学多才，著述宏富。担任过自然地理、人类学、矿物学、理论物理、数学、力学等多种课程的教学。其间发表许多有影响的文章。1766年2月康德被任命为王家图书馆副馆长。1769年后任埃尔兰根大学教授、哥尼斯堡大学逻辑和形而上学教授。1780年康德成为哥尼斯堡大学评议委员会成员，1786年夏康德被推选为大学校长。同年，康德被选为柏林科学院院士。

1781年后康德发表了《纯粹理性批判》《实践理性批判》《判断力批判》，三部著作的相继问世，标志康德批判哲学体系的诞生。1804年2月12日康德逝世。死后的康德很快就从哲学的影子变成了人类思想天空里的一颗巨星。

康德哲学又称批判哲学。以1770年为界可分为两个时期。"前批判时期",康德在《宇宙发展史概论》里,提出了"关于潮汐延缓地球自转的假说"和"关于天体起源的星云假说"。这两大假说从物质自身的运动和发展来解释自然现象,摒弃了神学创世说和自然界永恒不变的观点,他认为现在的天体都是由一团稀薄的云雾状的物质微粒逐渐演化而来的。由于万有引力的作用,那些散布在宇宙中的物质微粒便不断地聚集起来,在引力较强的地方就形成了聚集状态的物质。以后,大的聚集物又把小的聚集物吸引过来,这样就形成了各个星球。又由于物体的斥力作用,使小的物体环绕大的物体做圆周运动,以及它们自身的转动,结果就形成了整个太阳系的行星绕太阳公转,以及各个行星自转的宏伟图景。

在"批判时期",康德对他以前的以莱布尼茨为代表的唯理论及以休谟为代表的怀疑主义进行了批判。康德的"三大批判"构成了他的大哲学体系,他认为:无论是经验论,还是唯理论,都是对人类的认识能力本身缺乏认识的结果,都不能使人们获得普遍性必然性的新知识。为解决矛盾,康德把人类的认识能力区分为感性、知性、理性三个阶段。通过人的认识能力即感性、知性和理性的考察,他把经验论和唯理论结合起来,并在这个过程中,着力阐述主体的能动性和认识中的矛盾问题。

康德提出了著名的"(绝对)范畴律令"。即"永远使得你的意志的准则能够同时成为普遍制定法律的原则。"

康德深居简出,终身未娶,一辈子过着单调刻板的学者生活,直到1804年去世为止,从未踏出过出生地半步。

黑格尔

德国古典哲学的完成者,黑格尔主义创立者

生卒年:1770—1831

国　籍:德国

家　庭:官僚家庭

出生地：德国斯图加特
性　　格：富有激情
志　　趣：政治、哲学
身　　份：教授、思想家

德国伟大的哲学家，德国唯心主义集大成者，德国古典哲学最著名的代表。

黑格尔出生于今天德国西南部符腾堡州首府斯图加特。15岁进了本城的市立文科中学。3年毕业后，考进图宾根神学院。在那里，他与荷尔德林、谢林成为朋友。同时，被斯宾诺莎、康德、卢梭等人的著作和法国大革命深深吸引。黑格尔为法国大革命欢呼，但不赞成暴力行动。他崇敬卢梭和拿破仑，热衷于政治。

大学毕业后，黑格尔在贵族家里当了7年家庭教师，兴趣开始转向哲学方面。1801年，30岁的黑格尔任教于耶拿大学，期间黑格尔出版了他的《哲学全书》，标志着黑格尔哲学体系的建立。直到1829年，就任柏林大学校长。1831年在德国柏林去世。黑格尔晚年是一个爱国者，安享公认的哲学家声望。

黑格尔的研究领域涵盖逻辑学、历史哲学、美学、宗教、形而上学、认识论、政治学。

黑格尔是德国古典唯心主义的集大成者，他最重要的思想就是辩证对立统一的矛盾思想。

黑格尔认为事物的对立面是相互渗透的。他从同一、差别、对立等范畴中，逐步推出矛盾范畴。黑格尔认为：事物不仅仅是统一的，而且还是有差别的，这种差别也可以分为两种：一种是杂多的差别或外在的差别，另一种是本质的差别或内在的差别，就是指不同的双方是正相反对的两个对立面。这两个对立面不像"杂多"事物那样各自独立，只有外在关系，而是处于一种不可分割的内在联系之中，每一方均出于对方的存在才保持自身的存在，失去了对立也就丧失了自身存在的理由。而本质的差别或内在的差别就是"对立"。

质量互变的辩证思想。黑格尔认为，任何事物都具有质和量双重规定性，质是与事物直接同一的内在规定性，量则是与事物不直接同一的外在规定性。二者在一定条件下互换。

否定之否定的辩证思想。否定之否定规律是黑格尔整个哲学体系构成的基本方法。他认为：从"正"到"反"是第一次否定，从"反"再回到"正"，即对否定的再次否定。

主体客体辩证统一的思想。黑格尔反对康德割裂主体与客体的思想，主张主体与客体的统一，但他又不同意谢林的主客体"无差别的同一"的说法，认为主体与客体不仅是统一的而且是有差别的。要使有差别的东西真正统一起来，还必须经历一条辩证的道路。

达尔文

英国博物学家，进化论的奠基人

生卒年：1809—1882
国　籍：英国
家　庭：医生
出生地：什鲁斯伯里镇
性　格：坚韧
志　趣：自然界
身　份：博物学家

英国的博物学家，生物学家，进化论的奠基人。

达尔文的祖父是一位提倡生物进化观念的先驱者。达尔文可能受他祖父的影响，从小爱好自然。从10岁开始又搜集各种昆虫、贝壳、鸟蛋和矿石。他对学校里教条式的课程几乎不感兴趣，常和哥哥一起做化学实验，读课外书。《世界奇观》一书，深深地吸引了他，使他做梦都想到那遥远的地方去亲眼看一看古代的奇迹，以及现有的珍贵植物。

达尔文的父亲不理解达尔文，认为他游手好闲，先是送他学医，后见不成，又送他到剑桥大学改学神学。

在剑桥大学期间，达尔文巧遇"伯乐"，结识了当时著名的植物学家 J. 亨斯洛和著名地质学家席基威克，接受了植物学和地质学研究的科学训练。期间，《南美旅行记》《自然哲学入门》两部著作激起了达尔文对大自然火一般的热情。亨斯洛教授因势利导，鼓励达尔文努力钻研地质学。达尔文听从他的意见，读了好几本地质学著作，还在短时期内考察了家乡附近的地质情况，绘制了一套彩色地图。

达尔文快毕业时，亨斯洛介绍他跟随剑桥大学地质学教授塞奇威克去北威尔士旅行，考察了那里的古岩层地质。在这次旅行考察中，达尔文学会了发掘和鉴定化石，学会了整理和分析科学调查的材料。

1831年毕业后，他的老师亨斯洛推荐他以"博物学家"的身份参加同年12月27日英国海军"贝格尔号（Beagle）"环绕世界的5年科学考察航行。这次航海改变了达尔文的生活。回到英格兰后，他开始整理航海研究成果。1839年—1843年编纂5卷本巨著《贝格尔号航行期内的动物志》。经过综合探讨，形成了生物进化的概念。1859年，出版了震动当时学术界的《物种起源》。

该书一问世，立即引起各方的讨论。当宗教狂热者攻击《物种起源》的进化论思想与《圣经》的创世说相违背时，达尔文陆续发表了《动物和植物在家养下的变异》《人类的由来和性选择》《人类和动物的表情》几本书。报告了人类自较低的生命形式进化而来的证据，报告了动物和人类心理过程相似性的证据，还报告了进化过程中自然选择的证据。

达尔文在《物种起源》中系统地阐述了他的进化学说。书中用大量资料证明了形形色色的生物都不是上帝创造的，而是在遗传、变异、生存斗争中和自然选择中，由简单到复杂，由低等到高等，不断发展变化的。从而摧毁了各种唯心的神造论和物种不变论。恩格斯将"进化论"列为19世纪自然科学的三大发现之一。认为，生物都有繁殖过剩的倾向，而生存空间和食物是有限的，所以生物必须"为生存而斗争"。在同一种群中的个体存在着变异，经过长期的自然选择，微小的变异就得到积累而成为显著的变异。由此可能导致亚种和新种的形成。

尼 采

德国著名哲学家、西方现代哲学的开创者，诗人和散文家

生卒年：1844—1900
国　籍：德国
家　庭：乡村牧师
出生地：普鲁士萨克森勒肯
性　格：孤傲、敏感
志　趣：哲学、文学
身　份：教师、自由学者

德国著名哲学家。他是西方现代哲学的开创者。尼采的哲学思想在19世纪末发展成熟，他开创出了一套对黑格尔的哲学体系的批判，对20世纪的哲学发展产生重要影响。

尼采的父亲是威廉四世的宫廷教师，深得国王的信任，获得恩准以国王的名字为儿子命名。尼采5岁时，父亲去世。他被家中信教的母亲娇惯得性格脆弱、敏感、孤僻。

尼采在很小的时候就像一个学者一样手不释卷了，他总是沉浸在书籍与知识的海洋之中。1864年，尼采进入波恩大学攻读神学和古典语言学，但第一学期结束，便不再学习神学了。同时他反对毫无信念和激情地重复黑格尔、费希特、谢林的各种公式，认为那些伟大的体系已经丧失了激发人的力量，他热爱希腊诗人，崇尚希腊神话中各种具有鲜明特点的人物。

1865年，他随导师李谢尔思到莱比锡大学攻读古典语言学，并开始接触叔本华的哲学思想，吸收了叔本华的唯意志论，开始了他的哲学思考，这些思想后来成为尼采哲学思考的起点。

1869年，年仅25岁的尼采被聘为瑞士巴塞尔大学古典语言学教授。

1879年，尼采辞去了巴塞尔大学的教职，开始了十年的漫游生涯，同时也进入了创作的黄金时期。

1872年，他发表了第一部专著《悲剧的诞生》。这是一部杰出的艺术著作，充满浪漫色彩和美妙的想象力和反潮流的气息。《悲剧的诞生》的发表，引来了一片狂热的喝彩声，同时也遭到了维拉莫维茨领导的语言学家圈子的排斥。此后，尼采写了大量的著作，这些著作使他始终处在思想界争论的漩涡中。1889年，长期不被人理解的尼采由于无法忍受长时间的孤独，在都灵大街上抱住一匹正在受马夫虐待的马的脖子，精神崩溃失去了理智。次年，尼采与世长辞。

尼采哲学在当时被当作一种"行动哲学"，一种声称要使个人的要求和欲望得到最大限度的发挥的哲学。在认识论上，尼采是极端的反理性主义者，猛烈的揭露和批判传统的基督教道德和现代理性。他对任何理性哲学都进行了最彻底的批判。他认为，基督教伦理约束人的心灵，使人的本能受到压抑，人要获得自由，必须"杀死"上帝。

尼采认为，在没有上帝的世界上，人们获得了空前的机会，必须建立新的价值观，以人的意志为中心的价值观。为此，要对传统道德价值进行清算，传统的道德观念是上帝的最后掩体，他深深地渗透于人们的日常生活之中，腐蚀人们的心灵。

尼采认为哲学思索是生活，生活就是哲学思索。他的哲学是他对人生痛苦与欢乐的直接感悟。他对现代文明进行批判，指出，在资本主义社会里，尽管物质财富日益增多，人们并没有得到真正的自由和幸福。僵死的机械模式压抑人的个性，使人们失去自由思想的激情和创造文化的冲动，现代文化显得如此颓废，这是现代文明的病症，其根源是生命本能的萎缩。他指出，要医治现代疾病，必须恢复人的生命本能，并赋予它一个新的灵魂，对人生意义作出新的解释。他从叔本华那里受到启示，认为世界的本体是生命意志。

弗洛伊德

奥地利精神科、神经科医生，精神分析学派的创始人

生卒年：1849—1936
国　　籍：奥地利
家　　庭：犹太商人
出生地：摩拉维亚弗莱堡
性　　格：幽默犀利
志　　趣：研究人和社会
身　　份：医生

奥地利医生兼心理学家、哲学家、精神分析学的创始人。

弗洛伊德4岁时随家人迁居维也纳，是8个子女中的长子，家中早年的生活极度贫困。但他的学习成绩一直名列前茅，17岁考入维也纳大学医学院，成绩优异。

1881年获医学博士学位后开始私人开业，担任临床神经专科医生。1883—1885年任神经病理学讲师，对脑髓进行了重要的研究，还发现了可卡因的麻醉作用。在J·夏尔科的影响下，他的兴趣由临床神经病学转到了临床精神病理学。

弗洛伊德对心理学的最重大贡献是对人类无意识过程的揭示，提出了人格结构理论，人类的性本能理论以及心理防御机制理论，创立了精神分析理论。在探寻精神病病源方面，弗洛伊德抛弃了当时占主流的生理病因说，逐步走向了心理病因说，创立了心理分析学说（Psychoanalysis，又译精神分析）。

1895年与布洛伊尔合著《癔病研究》，开创了精神分析法。他系统地论述了人的个性结构学说，还发展和普及了一些心理学学说，如有关焦虑、防御功能、阉割情绪、抑制和升华等，他的著作极大地丰富了心理学思想理论体系。在技术上，他抛弃了古老的催眠术，改用自己独创的精神分析或自由联想法，以挖掘患者遗忘了的特别是童年的观念和欲望。也就是让患者想起什么就说什么，由此发现隐藏的病因。

他发现患者常有抗拒现象，认识到这正是欲望被压抑的证据，因而创立了他的以潜意识为基本内容的精神分析理论。他在分析许多病例后确信，性的问题对神经症的发生起重要作用。认为人的神经活动大都以性欲为基础，被压抑的欲望绝大部分是属于性的，性错乱是产生神经症的根本原因。

1900年在《梦的解析》一书中，他阐述了梦在精神分析中的重要性，认为"梦中概括了神经症的心理学"。精辟地分析了梦的机制：在梦中，一件事情被凝缩成别的事情，一个人被另外一个人所置换，梦者的愿望常以乔装打扮的形式来满足。

1912年，他系统地阐述了潜意识的理论。认为一种想法被意识界所压抑时，仍存在于潜意识之中，并可成为隐藏的动机。第一次世界大战期间及战后，他不断修订和发展自己的理论。1923年发表《自我与伊德》，将心理结构分为本我、自我和超我的人格三分结构论等重要理论，使精神分析成为了解全人类动机和人格的方法。

荷 马

古希腊盲诗人，伟大的文学家

国　　籍：古希腊
出生地：不详
生卒年：约前9世纪—8世纪

古希腊伟大的文学家、诗人，被认为是西方文学的源泉性人物。

荷马生平和生卒年月几不可考。关于荷马这个人，历史上的争论很多。首先是有没有这个人曾经存在过，在古希腊时代，著名历史学家希罗多德、修昔底德，哲学家柏拉图与亚里士多德，对荷马是持肯定态度的，他们认为荷马是一位远古诗人。这个说法一直持续到18世纪初。其次是他的生平，尽管古代曾有一本《荷马传》流传下来，但多是根据传说杜撰出来的，不足为凭，到现在也不能下定论。荷马的出生地，多达十几处，大多数学者倾向于在希腊东部靠近小亚细亚一带。而关于荷马这个名字，有人说是附会出来的，有人说其是个盲乐师。总之，荷马是一个传说中的人物，应是多个人物的结合体。

相传由荷马所作的《荷马史诗》应该是在民间传说和歌谣的基础上重又进行加工而成的。是具有丰富意义的光辉巨著，它既是完美的文学作品，又是研究古代氏族社会的重要历史文献。它正式成书于公元前6世纪。它是由叙事型史诗《伊利亚特》（又名伊利昂纪）和《奥德赛》两大史诗组成的。《伊利亚特》写的是希腊人围攻特洛伊城的故事，共24卷（系后人所分）。《伊利亚特》是《伊利亚特》叙述的是古代希腊人和特洛伊人之间的一场战争荷马史诗中直接描写特洛伊战争的英雄史诗。特洛伊王子帕里斯拐走了斯巴达国王的妻子海伦，希腊人为夺回海伦，组成十万联军，远征特洛伊城。战争持续了整整十年。希腊最勇猛的将领阿喀琉斯面对节节失利的危急局面，抛开与主帅的个人恩怨，奋勇作战，扭转了战局。最后，希腊人用木马计智取特洛伊城，大获全胜。战争中发生了一个戏剧性的事件，希腊联军主将阿喀琉斯因喜爱的一个女俘被自己的统帅阿伽门农夺走，愤而退出战斗，特洛伊人乘机大破希腊联军。在危急关头，阿喀琉斯的好友帕特洛克罗斯穿上阿喀琉斯的盔甲上阵，被特洛伊大将赫克托耳杀死。阿喀琉斯悔恨至极，重上战场，杀死赫克托耳。特洛伊老王以重金赎还儿子尸体。史诗在赫克托耳的葬礼中结束。《伊利亚特》的主题是赞美古代英雄的刚强威武、机智勇敢，讴歌他们在同异族战斗中所建立的丰功伟绩和英雄主义、集体主义精神。

《荷马史诗》是欧洲文学最早的和最重要的作品，它为后世人提供了丰富的素材和灵感，促成了无数巨著的诞生。恩格斯说："荷马的史诗以及全部神话——这就是希腊人由野蛮时代进入文明时代的主要遗产。"

但丁·阿利盖利

意大利作家、诗人、人文主义的先驱者、开拓者

国　　籍：意大利
出 生 地：佛罗伦萨
生 卒 年：1265—1321

意大利伟大的诗人，现代意大利语的奠基者，欧洲文艺复兴时代的开拓人物之一世界级的一流文学大师。

但丁出生于佛罗伦萨，罗马人后裔，祖上虽贵为贵族，但到了他父亲这一代已经没落，而到他出生时已与一般市民一样，全家艰苦度日。在他五六岁时母亲去世，18岁时，父亲病故，孤苦伶仃的他只能在知识的海洋里寻求生活的乐趣。他的一生都在进行着反封建贵族阶级的政治斗争，做过行政官，参加过战役，被流放过，同时也度过了20年的流亡生活，在流亡过程中，因为不肯屈从于统治者的忏悔要求，被缺席判处死刑。

但丁的一生中有几个"第一"。他创作的《飨宴》是意大利第一部用俗语写成的学术著作，打破了中世纪学术著作必须使用拉丁文的清规戒律，为意大利民族语言和文学语言的发展奠定了理论基础。他创作的政治论著《帝制论》被诗人雪莱尊称为"第一个宗教改革者。"因其创作的长诗《神曲》摆脱了中世纪文学的矫揉造作、千篇一律的传统羁绊，完成了用新的艺术形式对新时代内容的展现，使得他成为意大利第一个民族诗人。

但丁从37岁被宣告永久放逐，后来客死异乡。9岁邂逅心灵上永恒的恋人佩雅丽琪，这位后来24岁香消玉殒的少女，成为但丁日后创作的源泉。《神曲》为但丁不朽的巨著。屈原被逐乃赋《离骚》，但丁流放才有《神曲》。苦难的经历带给诗人的是前所未有的人生深刻体验和创作热情，但丁在流放的20年间，写了3部理论著作《论俗语》《飨宴》和《帝制论》。创作了长诗《神曲》。

1321年9月14日，但丁病逝于拉维纳。

恩格斯："封建的中世纪的终结和现代资本主义纪元的开端，是以一位大人物为标志的，这位人物就是意大利人但丁，他是中世纪的最后一位诗人，同时又是新时代的最初一位诗人"。

莎士比亚

英国著名剧作家、诗人，世界戏剧界泰斗

国　籍：英国
出生地：英格兰沃里克郡斯特拉福镇
生卒年：1564—1616

英国文艺复兴时期伟大的标志性人物，著名的剧作家.诗人。

莎士比亚原名：爱德华·德·维尔，出生在富裕的市民家庭，是个戏剧演员、剧作家、剧院股东，在生前就尽享功名利禄。1577年，他13岁家道中落，辍学经商，1586年，22岁时前往伦敦，1590年开始戏剧创作，跟剧院和戏剧结下不解之缘。1596年，他还为父亲申请了最低的贵族称号"绅士"。父亲是个经营羊毛、皮革制造及谷物生意的杂货商，还做过镇长。1597年莎士比亚在家乡购置了多处房产，1612年告别伦敦精彩热闹的生活回到家乡，1616年4月23日，病逝于家乡，被葬在镇上的圣三一教堂，终年52岁。死后留有遗嘱，6份签名手迹和《托马斯·莫尔爵士》一剧中的三页手稿。莎士比亚不只是个戏剧家，他还是御前侍从，这个待遇他和剧团的其他演员一起享有，因为1603年詹姆士一世继位后，他的剧团被改称"国王供奉剧团"。

他一生著有37部戏剧，154首14行诗，两首长诗和其他诗歌。其中另有一部剧作《两位贵亲》与弗莱彻合写。其主要艺术成就体现在戏剧创作上，按时代、思想和艺术风格的发展，可分为早、中、晚3个时期。

莎士比亚的戏剧大都取材于旧有剧本、小说、编年史或民间传说，但在改写中注入了自己的思想，给旧题材赋予新颖、丰富、深刻的内容。在艺术表现上，他继承古代希腊罗马、中世纪英国和文艺复兴时期欧洲戏剧的三大传统并加以发展，从内容到形式进行了创造性革新。他的戏剧不受三一律束缚，突破悲剧、喜剧界限，努力反映生活的本来面目，深入探索人物内心奥秘，从而能够塑造出众多性格复杂多样、形象真实生动的人物典型，描绘了广阔的、五光十色的社会生活图景，并以其博大、深刻、富于诗意和哲理著称。

莎士比亚的作品从生活真实出发，深刻地反映了时代风貌和社会本质。他认为，戏剧"仿佛要给自然照一面镜子：给德行看一看自己的面貌，给荒唐看一看自己的姿态，给时代和社会看一看自己的形象和印记"。马克思、恩格斯将莎士比亚推崇为现实主义的经典作家，提出戏剧创作应该更加"莎士比亚化"。

歌　德

德国著名诗人，欧洲启蒙运动后期最伟大的作家

国　　籍：德国
出生地：法兰克福镇
生卒年：1749—1832

歌德是德国民族文学的最杰出的代表，18世纪中叶到19世纪初德国和欧洲最重要的剧作家、诗人、思想家。歌德除了诗歌、戏剧、小说之外，在文艺理论、哲学、历史学、造型设计等方面，都取得了卓越的成就。他的创作把德国文学提高到全欧的先进水平，并对欧洲文学的发展做出了巨大的贡献。

歌德生于一个富裕市民家庭，曾先后在莱比锡大学和斯特拉斯堡大学学法律，也曾短时期当过律师，但主要志趣在文学创作方面，是德国"狂飙突进"的中坚。1775—1786他为改良现实社会，应聘到魏玛公国做官，但一事无成。他不但没战胜德国市民的鄙俗气，"相反，倒是鄙俗气战胜了他"（马克思）。于是，1786年6月，他化名前往意大利，专心研究自然科学，从事绘画和文学创作。1788年回到魏玛后担任剧院监督，政治上倾向保守，艺术上追求和谐、宁静的古典美。1794年与席勒交往后，随着欧洲民主、民族运动的高涨和空想社会主义思想的传播，他的思想和创作也随之出现了新的飞跃，完成了《浮士德》等代表作。他对世界文学宝库的巨大贡献，使他成为世界文化名人，每年逢他的生日，各国文艺界都举行纪念活动。

歌德最著名的是书信体小说《少年维特之烦恼》、诗体哲理悲剧《浮士德》和长篇小说《威廉·迈斯特》。《少年维特的烦恼》是一部书信体小说。主人公维特是一个出身市民的青年，他向往自由、平等的生活，希望从事有益的实际工作。但是，围绕他的社会却充满着等级的偏见和鄙陋的习气。保守腐败的官场，庸俗屈从的市民，趋势傲慢的贵族使他和周围的现实不断发生冲突，他自己又陷入毫无希望的爱情之中，最后走上了自杀的道路。维特与社会的冲突，具有反封建的意义，通过维特的悲剧，小说揭露和批判了当时德国社会许多不合理的现实，表达了觉醒的德国青年一代的革命情绪。《浮士德》以德国民间传说为题材，以文艺复兴以来的德国和欧洲社会为背景，写一个新兴资产阶级先进知识分子不满现实，竭力探索人生意义和社会理想的生活道路。是一部现实主义和浪漫主义结合得十分完好的诗剧。

歌德晚年的创作极其丰富，重要的如自传性作品《诗与真》《意大利游记》、长篇小说《亲和力》和《威廉·麦斯特的漫游时代》，抒情诗集《西方和东方的合集》，逝世前不久，又完成了《浮士德》第二部。这些作品表现了歌德重视实践、肯定为人类幸福而劳动的思想，说明他思想中的积极因素比前一时期有所增长。

乔治·戈登·拜伦

诗人，英国浪漫主义文学的杰出代表

国　　籍：英国
出生地：伦敦
生卒年：1788—1824

英国浪漫主义文学的杰出代表，被评论家称为是19世纪初英国天才不朽的诗人拜伦出生于伦敦，父母皆出自没落贵族家庭。他天生跛一足，并对此很敏感。10岁时，拜伦家族的世袭爵位及产业（纽斯泰德寺院是其府邸）落到他身上，成为拜伦第六世勋爵。哈罗公学毕业后，1805—1808年在剑桥大学学文学及历史，他是个不刻苦的学生，很少听课，却广泛阅读了欧洲和英国的文学、哲学和历史著作，同时也从事射击、赌博、饮酒、打猎、游泳、拳击等各种活动。1809年3月，他作为世袭贵族进入了贵族院，他出席议院和发言的次数不多，但这些发言都鲜明地表示了拜伦的自由主义的进步立场。

1809—1811年游历西班牙、希腊、土耳其等国，受各国人民反侵略、反压迫斗争鼓舞，创作《恰尔德·哈罗德游记》。其代表作品有《恰尔德·哈罗德游记》《唐璜》等。在他的诗歌里塑造了一批"拜伦式英雄"。他们孤傲、狂热、浪漫，却充满了反抗精神。他们内心充满了孤独与苦闷，却又蔑视群小。

1811—1816年，拜伦一直在生活在不断的感情漩涡中。拜伦夫人是一个见解偏狭、深为其阶级的伪善所宥的人，完全不能理解拜伦的事业和观点，致使两人分居。以此为契机，英国统治阶级对它的叛逆者拜伦进行了最疯狂的报复，以图毁灭这个胆敢在政治上与它为敌的诗人。这时期的痛苦感受，也使他写出像《普罗米修斯》那样的诗，表示向他的压迫者反抗到底的决心。

1816年，拜伦居住在瑞士，在日内瓦结识了另一个流亡的诗人雪莱，对英国反动统治的憎恨和对诗歌的同好使他们结成了密友。

1824年，拜伦忙于战备工作，不幸遇雨受寒，一病不起，4月19日逝世，全国志哀21天。拜伦只活了36岁。

在拜伦的《东方叙事诗》中，出现了一批侠骨柔肠的硬汉，他们有海盗、异教徒、被放逐者，这些大都是高傲、孤独、倔强的叛逆者，他们与罪恶社会势不两立，孤军奋战与命运抗争，追求自由，最后总是以失败告终。拜伦通过他们的斗争表现出对社会不妥协的反抗精神，同时反映出自己的忧郁、孤独和彷徨的苦闷。由于这些形象具有作者本人的思想性格特征，被称作"拜伦式英雄"。恰尔德·哈罗德是拜伦诗歌中第一个"拜伦式英雄"。拜伦诗中最具有代表性、战斗性，也是最辉煌的作品是他的长诗《唐璜》，诗中描绘了西班牙贵族子弟唐璜的游历、恋爱及冒险等浪漫故事，揭露了社会中黑暗、丑恶、虚伪的一面，奏响了为自由、幸福和解放而斗争的战歌。拜伦不仅是一位伟大的诗人，还是一个为理想战斗一生的勇士；他积极而勇敢地投身革命，参加了希腊民族解放运动，并成为领导人之一。

拜伦在旅居国外期间，陆续写成《恰尔德·哈洛尔德游记》、故事诗《锡雍的囚徒》、悲剧《曼弗雷德》、长诗《青铜世纪》等。

普希金

18世纪俄国浪漫主义文学主要代表，现实主义文学的奠基人

国　　籍：俄国
出生地：莫斯科
生卒年：1799—1837

普希金，出生于一个贵族家庭，在浓厚的文学氛围中长大。童年时代，他由法国家庭教师管教，接受贵族教育，8岁时已可以用法语写诗。

家中藏书丰富，父母喜欢结交文学名流，他的农奴出身的保姆常常给他讲述俄罗斯的民间故事和传说，使得他从小就领略了丰富的俄罗斯语言，对民间创作发生浓厚兴趣。1811年，普希金进入贵族子弟学校皇村学校学习，年仅12岁就开始了其文学创作生涯。1815年，在中学考试中他朗诵了自己创作的《皇村回忆》，表现出了卓越的诗歌写作才能，特别是他诗作韵文的优美和精巧得到了广泛的赞赏。在早期的诗作中，他效仿浪漫派诗人巴丘什科夫和茹科夫斯基，学习17—18世纪法国诗人安德列谢尼埃的风格。在皇村中学学习期间，他还接受了法国启蒙思想的熏陶并且结交了一些后来成为十二月党人的禁卫军军官，反对沙皇专治，追求自由的思想初步形成。

普希金毕业后到彼得堡外交部供职，在此期间，他深深地被以后的十二月党人及其民主自由思想所感染，参与了与十二月党人秘密组织有联系的文学团体"绿灯社"，创作了许多反对农奴制、讴歌自由的诗歌。

1824—1825年，普希金又被沙皇当局送回了普斯科夫省的他父母的领地米哈伊洛夫斯克村，在这里他度过了两年幽禁生活。幽禁期间，1826年，沙皇尼古拉一世登基，为了笼络人心，把普希金召回莫斯科，但仍处于沙皇警察的秘密监视之下。普希金没有改变对十二月党人的态度，他曾对新沙皇抱有幻想，希望尼古拉一世能赦免被流放在西伯利亚的十二月党人，但幻想很快破灭。1836年普希金创办了文学杂志《现代人》。该杂志培养了一大批优秀的作家，而且成为俄罗斯进步人士的喉舌。普希金的创作和活动令沙皇政府颇感头痛，他们用阴谋手段挑拨法国籍宪兵队长丹特斯亵渎普希金的妻子纳塔利娅·尼古拉耶芙娜·冈察洛娃，结果导致了1837年普希金和丹特斯的决斗。决斗中普希金身负重伤，1837年2月8日不治身亡，年仅37岁。他的早逝令俄国进步文人曾经这样感叹："俄国诗歌的太阳沉落了。"

普希金一生追求自由，创作了近百首诗歌，他搜集民歌、故事，钻研俄罗斯历史，思想更加成熟，创作上的现实主义倾向也愈发明显。写下了许多优美的抒情诗：《短剑》《囚徒》《致大海》等名篇，表达了诗人对自由的强烈憧憬。还写了一组"南方诗篇"，包括《高加索的俘虏》《强盗兄弟》《巴赫切萨拉依的泪泉》《茨冈》四篇浪漫主义叙事长诗。从这一时期起，普希金完全展示了自己独特的风格。1825年他完成了俄罗斯文学史上第一部现实主义悲剧《鲍里斯·戈都诺夫》的创作。

巴尔扎克

英国著名剧作家、诗人，世界戏剧界泰斗

国　　籍：法国
出 生 地：巴黎图尔城
生 卒 年：1799—1850

　　巴尔扎克，出生于一个资产阶级家庭，法科学校毕业后，拒绝家庭为他选择的受人尊敬的法律职业，而立志当文学家。为了获得独立生活和从事创作的物质保障，他曾试笔并插足商业，从事出版印刷业，但都以破产告终。这一切都为他认识社会、描写社会提供了极为珍贵的第一手材料。他不断追求和探索，对哲学、经济学、历史、自然科学、神学等领域进行了深入研究，积累了极为广博的知识。

　　具体来说，1819年，也就是在他20岁的时候决定从事文学创作。但此事遭到家人的反对，从1825年开始，他借贷出版古典作家的普及版本，开办印刷厂、铸造铅字等，没有两年工夫，他已债台高筑，并拖累终身。

　　1828年，巴尔扎克重新回到他日夜魂牵梦绕的文学创作上来。经过认真的观察，亲身的体验，多方搜集材料，于1829年终于用自己的真实姓名发表了第一部长篇小说《舒昂党人》。这是他写的第一部严肃文学作品。小说一出版，立即引起广大读者的注意，不久他又出版了随笔《婚姻生理学》，从此巴尔扎克名声大振，阔步登上法国文坛。

　　从1819年至1829这10年中，巴尔扎克经历了艰苦的探索，思想上有了深刻的变化，艺术上也趋于成熟。此后，巴尔扎克进入了他创作的旺盛时期。

　　由于过于辛劳，巴尔扎克1850年8月18日即在巴黎逝世，他只活了51岁。

从1829到1848年，总共不过20年的时间，他竟创作了90余部中、长篇小说和短篇小说。他开始把他的系列著作起名为"社会研究"，后来受但丁《神曲》的影响，到1841年定名为《人间喜剧》。巴尔扎克是位非常勤奋的作家，他埋头写作，夜以继日，有时甚至连续伏案18个小时，一年常常写出四五部小说。据说，《高老头》就是他三天三夜赶写出来的。他很需要钱还债是他开始时努力写作的动力之一，但更重要的是他有创作的激情，有远大的目标，他要在文学史上立起一块丰碑。

列入《人间喜剧》总目的作品，巴尔扎克共完成80多部，后来他又写了6部小说本来未曾列入，如著名的长篇小说《贝姨》和《邦斯舅舅》等，但经其斟酌，又归到"巴黎生活场景"之中了。因此，巴尔扎克的90余部小说和随笔统称为《人间喜剧》。

维克多·雨果

法国文学史上最伟大的作家之一

国　籍：法国
出生地：杜省贝桑松
生卒年：1802—1885

19世纪浪漫主义文学运动领袖，人道主义的代表人物，法国文学史上最伟大的作家之一，被称为"法兰西的莎士比亚"。

维克多·雨果，生于法国东部紧挨瑞士的杜省贝桑松雨果天资聪慧，10岁回巴黎上学，中学毕业入法学院学习，但他的兴趣在于写作。15岁时在法兰西学院的诗歌竞赛会上得奖，17岁在"百花诗赛"得第一名，20岁出版诗集《颂诗集》，因歌颂波旁王朝复辟，获路易十八赏赐，以后写了大量异国情调的诗歌。但后来他对波旁王朝和七月王朝感到失望，成为一个共和主义者。他还写过许多诗剧和剧本以及大量具有鲜明特色并贯彻其主张出小说。

1830年7月，法国发生了"七月革命"，封建复辟王朝被推翻了。雨果热情赞扬革命，歌颂那些革命者，写诗哀悼那些在巷战中牺牲的英雄。1848年6月，巴黎人民举行革命，推翻了七月王朝，成立了共和国。开始雨果对革命并不理解，但当大资产阶级阴谋消灭共和国时，雨果却成了一个坚定的共和主义者。

1851年12月，路易·波拿巴发动政变，雨果参加了共和党人组织的反政变起义。路易·波拿巴上台后建立了法兰西第二帝国。他实行恐怖政策，对反抗者无情镇压。雨果也遭到迫害，不得不流亡国外。

1860年，英法联军焚烧圆明园，他写信痛斥联军是强盗，谴责他们毁灭东方文化的罪恶行径。而此时的雨果正被迫流亡格尼塞岛，前后达19年之久，在此期间即使拿破仑发布赦令雨果也拒不回国。雨果去世后，法国人民为他举行了国葬，他的遗体被安葬在专门安葬伟人的先贤祠。

1870年普法战争爆发，法国兵败之后，普鲁士军队直逼巴黎。在国家危亡的紧要关头，雨果在流亡了19年之后回到了祖国。他到处发表演讲，号召法国人民起来抗击德国侵略者，保卫祖国。他还用他的著作和朗诵诗歌得来的报酬买了两门大炮，表现了崇高的爱国精神。

1885年，雨果逝世。法国人民为这位伟大的诗人举行了国葬。他的遗体被安葬在专门安葬伟人的先贤祠。

《巴黎圣母院》是雨果第一部大型浪漫主义小说。它以离奇和对比手法写了一个发生在15世纪法国的故事：巴黎圣母院副主教克罗德道貌岸然、蛇蝎心肠，先爱后恨，迫害吉卜赛女郎爱斯梅拉尔达。面目丑陋、心地善良的敲钟人卡西莫多为救女郎舍身。小说揭露了宗教的虚伪，宣告禁欲主义的破产，歌颂了下层劳动人民的善良、友爱、舍己为人，反映了雨果的人道主义思想。

《悲惨世界》最能代表雨果的思想艺术风格，他以卓越的艺术魅力展示了资本主义社会奴役劳动人民、逼良为娼的残酷现实。然而，作家深信唯有道德感化是医治社会灾难的良方。小说虽不乏现实主义因素，但就人物形象的塑造、环境的描写，象征和对比手法的运用等方面而言，仍然是一部浪漫主义的杰作。

托尔斯泰

俄国最伟大的作家、改革家，最有影响的道德思想家

国　籍：俄国
出生地：图拉省克拉皮文县
生卒年：1828—1910

19世纪末20世纪初俄国最伟大的文学家，也是世界文学史上最杰出的作家之一，被列宁称颂为具有"最清醒的现实主义"的"天才艺术家"。他的文学作品在世界文学中占有重要的地位。代表作有长篇小说《战争与和平》《安娜·卡列尼娜》《复活》以及自传体小说三部曲《幼年》《少年》《青年》。还有《一个地主的早晨》《哥萨克》《塞瓦斯托波尔故事集》等。他以自己一生的辛勤创作，登上了当时欧洲批判现实主义文学的高峰。他还以自己有力的笔触和卓越的艺术技巧辛勤创作了"世界文学中第一流的作品"。

托尔斯泰一岁半丧母，9岁丧父。从小接受贵族家庭教育，1844年考入喀山大学东方系，攻读土耳其、阿拉伯语，最初的梦想是当一名外交官。后因期终考试不及格，以及不专心学业，迷恋社交生活，1847年4月退学，回到故乡。他漫长的一生几乎都是在这里度过的，这里有母亲陪嫁的产业，足够让他衣食无忧。

在这里，他曾经试图改善农民生活，但因身份不同，难以得到农民的信任；后做过十四品文官、四等炮兵下士、准尉、炮兵连长，战争带给他最大的启示是：使他看到了平民出身的军官和士兵的英勇精神和优秀品质，加强了他对普通人民的同情和对农奴制的批判态度。

1851—1862年被称为托尔斯泰的探索、实验和成长的时期。模仿痕迹浓厚，但后来作品中所显现的基调和特色初具雏形。这个时期有许多作品都带有自传性质。《童年》《少年》《青年》这一系列中篇小说，表现了主人公如何在周围环境影响下成长，以及对自己的不满和自省。1863—1880年这是托尔斯泰才华得到充分发展、艺术达到炉火纯青的时期，也是思想上发生激烈矛盾、紧张探索、酝酿转变的时期。关于1812年卫国战争的《战争与和平》写于1866—1869年间。《安娜·卡列尼娜》的构思始于1870年，到1873年才开始动笔，长篇小说《复活》是托尔斯泰晚年的代表作，情节的基础是真实的案件。

1890年，托尔斯泰曾想过要放弃版权，他说，每个卢布的稿酬都使他感到羞耻和痛苦。但"他的想法遭到妻子索菲娅的反驳。索菲娅并不比其他贵族奢侈靡费，但由于她一共生了12个孩子，其中夭折4个，长大成人的就有8个之多，家庭开支庞大，她作为主妇，不能不考虑当前和未来的一系列实际问题"。

托尔斯泰晚年力求过简朴的平民生活，1910年10月从家中出走，11月7日病逝于一个小站，享年82岁，一代文学巨匠走完辉煌的人生旅程。

托尔斯泰的伟大，主要还由于他以天才艺术家所特有的力量，创作了无与伦比的俄国生活的图画，而那些"重大问题"大多就是在"图画"中艺术地提出来的。

马克·吐温

美国的幽默大师、小说家、作家，著名演说家，批判现实主义文学奠基人

国　　籍：美国
出生地：密苏里州佛罗里达镇
生卒年：1835—1910

美国小说家、作家，著名演说家，19世纪后期美国现实主义文学的杰出代表。近代幽默文学的泰斗，代表美国文学的世界一流作家。

马克·吐温，原名塞缪尔·朗赫恩·克列门斯。父亲虽是一名法官,但收入微薄,因此在逝世后,12岁的马克·吐温就不得不辍学,开始独立谋生。他到处流浪,做过送报人、排字工人、学徒工、密西西比河上的水手、舵手。在密西西比河上,水手们有一个行业术语"马克·吐温"。后来他从事文学创作,就以此为笔名。

1869年马克·吐温在旅行期间,认识了欧丽维亚,并一见钟情。1871年,吐温一家迁往康乃迪克州哈特福特。吐温的婚姻维持了34年,直到欧丽维亚于1904年去世。

1863年始用"马克·吐温"的笔名。1865年发表幽默小说《卡拉韦拉斯县驰名的跳蛙》,风行一时,闻名全国。1870年居住在布法罗。1872年出版《艰苦岁月》,写他在西部新开发区的生活经历。1873年与查·沃纳合写《镀金时代》,塑造了具有"镀金时代"的精神品格的人物形象。60年代至80年代是他创作的丰盛期。1875年出版自传体幽默作品《密西西比河的往事》(1883年修订本改为《密西西比河上》)。1876年出版小说《汤姆·索耶历险记》,受到广大青少年读者的喜爱。此后还出版他的另一部重要小说《哈克贝里·费恩历险记》《亚瑟王朝廷上的康涅狄格州美国人》《王子与贫儿》等。1894年创作《傻瓜威尔逊》,塑造了一个富有斗争性的女黑奴罗克西的形象。1896年出版《贞德传》。

《王子与乞丐》的故事情节虽然今天常出现于很多电影和文学作品中,但其实并不普遍被接纳。这是吐温首次尝试写"乞丐",其缺点是吐温在英国社会并没有太足够的经历。《王子与乞丐》写作期间,吐温亦开始了《顽童流浪记》的写作,并也把另一部游记,《浪迹海外》完成。《浪迹海外》是马克·吐温往中欧及南欧旅行的游记。

吐温最后一部作品是他口述的自传。一些案卷保管人和编辑者把这自传重新整理一遍,要令它的格式更符合一般格式,因而一些吐温的幽默字句被删掉了。

1900年以后发表许多时评,其中有抨击帝国主义及其工具传教士而颂扬中国义和团运动的《给在黑暗中的人》,揭露沙俄侵略行径的《沙皇的独白》等。晚年重要著作是由他口授、秘书笔录的《自传》。1910年4月21日逝世。鲁迅曾为他的《夏娃日记》中文译本作序,给予肯定的评价。

泰戈尔

印度诗人、哲学家和印度民族主义者

国　籍：印度
出生地：加尔各答
生卒年：1861—1941

印度诗人、艺术家、社会活动家、哲学家和印度民族主义者，印度人民心目中的诗圣。首位获得诺贝尔文学奖的印度人(也是首个亚洲人)。是向西方介绍印度文化和把西方文化介绍到印度的代表人物。

泰戈尔生于加尔各答市的一个富有哲学和文学艺术修养的地方宗教领袖家庭，8岁就写诗，并展露出非凡的天才，13岁即能创作长诗和颂歌体诗集。1878年赴英国留学，1880年回国专门从事文学活动。1884至1911年担任凡社秘书，20年代创办国际大学。1941年写作控诉英国殖民统治和相信祖国必将获得独立解放的著名遗言《文明的危机》。

泰戈尔是具有巨大世界影响的作家。他共写了50多部诗集，被称为"诗圣"。写了12部中长篇小说，100多篇短篇小说，20多部剧本及大量文学、哲学、政治论著，并创作了1500多幅画，谱写了难以统计的众多歌曲。文、史、哲、艺、政、经范畴几乎无所不包，无所不精。他的作品反映了印度人民在帝国主义和封建种姓制度压迫下要求改变自己命运的强烈愿望，描写了他们不屈不挠的反抗斗争，充满了鲜明的爱国主义和民主主义精神，同时又富有民族风格和民族特色，具有很高艺术价值，深受人民群众喜爱。

泰戈尔重要诗作有诗集《故事诗集》《吉檀迦利》《新月集》《飞鸟集》《边缘集》《生辰集》；重要小说有短篇《还债》《弃绝》《素芭》《人是活着，还是死了？》《摩诃摩耶》《太阳与乌云》；中篇《四个人》；长篇《沉船》《戈拉》《家庭与世界》《两姐妹》；重要剧作有《顽固堡垒》

《摩克多塔拉》《人红夹竹桃》；重要散文有《死亡的贸易》《中国的谈话》《俄罗斯书简》等。

泰戈尔散文的内容主要是社会、政治和教育，他的诗歌，除了其中的宗教内容外，最主要的是描写自然和生命。在泰戈尔的诗歌中，生命本身和它的多样性就是欢乐的原因。同时，他所表达的爱（包括爱国）也是他的诗歌的内容之一。印度和孟加拉国的国歌都是使用泰戈尔的诗歌。

为了抗议1919年札连瓦拉园惨案，他拒绝了英国国王授予的骑士头衔，他是第一个拒绝英王授予的荣誉的人。

他反对英国在印度建立起来的教育制度，反对这种"人为"的、完全服从的、死背书、不与大自然接触的学校。为此他在他的故乡建立了一个按他的设想设计的学校，这是维斯瓦·巴拉蒂大学的前身。

在他的诗歌中，泰戈尔也表达出了他对战争的绝望和悲痛，但他的和平希望没有任何政治因素，他希望所有的人可以生活在一个完美的和平的世界中。

弗兰兹·卡夫卡

西方现代主义文学的先驱和大师，代表作《变形记》

国　　籍：捷克
出生地：布拉格
生卒年：1883—1924

西方现代主义现代的始祖和大师，被誉为20世纪文学巨匠。萨特等人认为："如果要举出一个作家，他与我们时代的关系最近似但丁、莎士比亚和歌德与他们时代的关系的人，首先想到的也许就是卡夫卡。"对他的研究已在全世界形成一门"卡夫卡学"。

卡夫卡生于捷克（当时属奥匈帝国）首府布拉格一个犹太商人家庭，是家中长子，有3个妹妹（另有两个夭折的弟弟）。自幼爱好文学、戏剧，

18岁进入布拉格大学，初习化学、文学，后习法律，获博士学位。毕业后，在保险公司任职。卡夫卡一生3次订婚，3次解除婚约，究其根本原因，就是来自卡夫卡对家庭生活将毁掉他的写作所赖以存在的孤独的恐惧。在他所钟情的写作面前，常人视为理所当然的婚姻其实毫无位置可言，而他个人，也不过是这古老的伟大事业心甘情愿的祭品。从这一点上考量，他焚膏继晷地写作、又不断地毁弃自己的作品的举动，就超越了自厌和自虐，而达至大诚大勇的境界；他那卑微、晦暗、支离破碎的一生也因而获得了一贯性和力量。因而终生未娶，41岁时死于肺痨。

他曾在遗嘱中要求挚友马克斯·布罗德将他的全部手稿统统付诸一炬。所幸，布罗德没有这样做。

他的主要长篇代表作《审判》，情节荒诞离奇，时间地点模糊不清，是卡夫卡独特的艺术表现方法形成的标志，已具有了浓厚的"卡夫卡式的"艺术特色。卡夫夫的中短篇及随笔占其作品的大部分，中篇小说《变形记》在西方广为人知，是卡夫卡最著名的代表作之一，被喻为现代主义文学的奠基之作，对20世纪的文学产生深远的影响。小小说中许多名篇如《小寓言》《集体》《陀螺》《敲门》等，虽文字少，却耐人寻味，在书信中，他的一篇《致父亲》，让读者体味到一个青年对教育、家庭与人生的深刻思考

卡夫卡的小说创作摆脱了传统的束缚，独树一帜，被喻为西方现代主义文学的先驱。后世的批评家，往往过分强调卡夫卡作品阴暗的一面，忽视其明朗、风趣的地方，米兰·昆德拉在《被背叛的遗嘱》中试图纠正这一点。其实据布劳德的回忆，卡夫卡喜欢在朋友面前朗读自己的作品，读到得意的段落时会忍俊不禁，自己大笑起来。

欧内斯特·米勒尔·海明威

20世纪美国最伟大的小说家

国　　籍：美国

出生地：伊利诺伊州芝加哥橡树园镇

生卒年：1899—1961

美国小说家。1954年度的诺贝尔文学奖获得者、"新闻体"小说的创始人。

海明威生在一个医生家庭。第一次世界大战爆发后，海明威怀着要亲临战场领略感受战争的热切愿望，加入美国红十字会战场服务队，投身意大利战场。大战结束后，海明威被意大利政府授予十字军功奖章、银质奖章和勇敢奖章，获得中尉军衔。伴随荣誉的是他身上237处的伤痕和赶不走的恶魔般的战争记忆。1928年，海明威离开了巴黎，居住在美国的佛罗里达州和古巴。1929年，海明威的长篇小说《太阳照样升起》和《永别了，武器》是"迷惘的一代"文学的最好作品。1937年至1938年，他以战地记者的身份奔波于西班牙内战前线。在第二次世界大战期间，他作为记者随军行动，并参加了解放巴黎的战斗。1941年底太平洋战争爆发后，海明威立即将自己的游艇改装成巡艇，侦察德国潜艇的行动，为消灭敌人提供情报。1944年，海明威随同美军去欧洲采访，在一次飞机失事中受重伤，但痊愈后仍深入敌后采访。第二次世界大战结束后，他获得一枚铜质奖章。1940年，海明威发表了以西班牙内战为背景的反法西斯主义的长篇小说《丧钟为谁而鸣》。1952年，海明威发表了中篇小说《老人与海》。1954年度的诺贝尔文学奖获得者。1961年7月2日，蜚声世界文坛的海明威用自己的猎枪结束了自己的生命。

20年代，海明威先后出版了短篇小说集《三个短篇和十首诗》《在我们的时代里》和长篇小说《太阳照常升起》《永别了，武器》等。30年代初，出版长篇小说《有的和没有的》。1936年，发表短篇小说《乞力马扎罗的雪》。30年代后写出长篇小说《丧钟为谁而鸣》。1952年，发表中篇小说《老人与海》。

海明威写作态度极其严肃，十分重视作品的修改。他每天开始写作时，先把前一天写的读一遍，写到哪里就改到哪里。全书写完后又从头到尾改一遍；草稿请人家打字誊清后又改一遍；最后清样出来再改一遍。他认为这样三次大修改是写好一本书的必要条件。他的长篇小说《永别了，武器》初稿写了6个月，修改又花了5个月，清样出来后还在改,最后一页一共改了39次才满意。《丧钟为谁而鸣》的创作花了17个月,脱稿后天天都在修改,清样出来后,他连续修改了96个小时,没有离开房间。他主张"去掉废话",把一切华而不实的词句删去。最终取得了成功。

伽利略

意大利伟大的科学家,被誉为"近代科学之父"

生卒年：1564—1642
国　籍：意大利
出生地：比萨
身　份：科学家
志　趣：科学研究、发明创造

科学革命的先驱,近代科学之父。伟大的意大利天文学家、力学家和哲学家。

伽利略从小受到良好的家庭教育,12岁时进入瓦洛姆布洛萨修道院,接受古典教育。17岁时,进入比萨大学学医,同时潜心钻研物理学和数学。25岁时成为比萨大学的数学教授。两年后,伽利略因为著名的比萨斜塔实验,触怒了教会,失去这份工作。

1592年,伽利略在威尼斯的帕多瓦大学任教。1610年,他出版《星空信使》一书,轰动了当时的欧洲,被聘为佛罗伦萨"宫廷哲学家"和"宫廷首席数学家"。伽利略在佛罗伦萨的宫廷里继续进行科学研究,但是他的天文学发现以及天文学著作明显体现出哥白尼"日心说"的观点。1616年开始,他受到罗马宗教裁判所长达二十多年的残酷迫害。1642年1月8日,伽利略去世,享年78岁。临终前,他还重复着一句话:"追求科学需要特殊的勇气。"

伽利略是第一个把实验引进力学的科学家。他确立了科学的"自由落体定律",即在忽略空气阻力的条件下,铁球自空中下落的速度与重量无关。伽利略对运动基本概念,包括重心、速度、加速度等都做了详尽研究并给出了严格的数学表达式。加速度概念的提出,使得力学中的动力学部分建立在科学的基础之上,是力学史上的一个重要里程碑。

伽利略还提出过合力定律、抛射体运动规律,并确立了伽利略相对性原理。在天文学方面,他是利用望远镜观测天体取得重要成果的第一位科学家,用实验证实了哥白尼学说的正确性。

伽利略对落体运动作了细致的观察。从实验和理论上否定了统治千余年的亚里士多德关于"落体运动法则"确立了正确的"自由落体定律",即在忽略空气阻力条件下,重量不同的球在下落时同时落地,下落的速度与重量无关。

伽利略主张用具体的实验来认识自然规律,认为经验是理论知识的源泉。他不承认世界上有绝对真理和掌握真理的绝对权威,反对盲目迷信。他承认物质的客观性、多样性和宇宙的无限性,这些观点对发展唯物主义的哲学具有重要的意义。但由于历史的局限性,他强调只有可归纳为数量特征的物质属性才是客观存在的。

伽利略在科学实验的基础上融会贯通了数学、物理学、天文学三个科学领域,扩大并改变了人们对运动和宇宙的认识。他的研究,为牛顿理论体系的建立奠定了基础。他追求科学真理的精神和成果,为后人所敬仰。

哈 维

英国伟大的生理学家

生卒年:1578—1657
国　籍:英国
出生地:肯特郡福克斯通镇
身　份:医生

志　趣：医学研究

伟大的英国医师、生理学家、胚胎学家，实验生理学先驱。

发明血液循环和心脏功能的伟大的威廉·哈维于1578年出生在英国肯特郡福克斯通镇。15岁时进入剑桥大学凯厄斯学院学习医学。1600年，22岁的哈维前往意大利帕多瓦大学学习，1602年获得医学证书。在意大利学医时，他还常常去听伽利略讲授力学和天文学。伽利略注重实验的研究方法，对他影响极大，为他日后的科学研究奠定了基础。此后不久，哈维获得英国剑桥大学医学博士学位。

1603年起，哈维开始在伦敦行医。不久，他与伊丽莎白女王的御医朗斯洛·布朗的女儿结婚。这桩婚姻对于哈维的事业大有帮助，1607年他被任命为皇家医学院成员，1615年被任命为卢姆雷恩讲座的讲师，1616年他成为圣巴多罗买医院的医生。

哈维的伟大著作《心血运行论》发表于1628年，被称为生理学史上最重要的著作，其主要意义在于使人们对人体的工作原理有基本的了解。哈维在书中明确指出：动脉把血液从心脏输出的同时，静脉把血液输入心脏。由于没有显微镜，哈维无法看到毛细血管——血液从最小的动脉输入静脉的微小血管，但是他却正确地推断出了它们的存在（哈维去世几年以后意大利生物学家发现了毛细血管）。

哈维还提出心脏的功能就是把血液泵入动脉，并给出大量的实验证据，严密地论证了这一学说。虽然他的学说起初遭到了反对，但是到他临终前已被广为接受。1651年，哈维发表的著作《动物的生殖》标志着当代胚胎学研究的真正开始。1657年6月3日，哈维由于卒中去世，享年79岁。

直到哈维死后数年，他的血液循环理论才被认可，其《心血运行论》一书被称为近代生命科学的发端。哈维利用临床观察、尸体解剖，再加上逻辑分析和生理测试，从各个方面证明心脏是一个可以泵出血液的肌肉实体。

哈维出色的心血系统的研究（以及他的动物生殖的研究），使得他成为与哥白尼、伽利略、牛顿等人齐名的科学革命的巨匠。他的《心血运动论》一书也像《天体运行论》《关于托勒密和哥白尼两大体系的对话》

《自然哲学之数学原理》等著作一样，成为科学革命时期以及整个科学史上极为重要的文献。

瓦 特

世界上第一台实用蒸汽机的发明者

生卒年：1736——1819

国　籍：英国

出生地：格里诺克镇

身　份：工程师、发明家

志　趣：发明创造

英国著名的发明家，欧洲工业革命时期的代表人物之一。

詹姆斯·瓦特出生在苏格兰的格里诺克镇。由于家贫体弱，他没有受过多少学校教育。但瓦特天性好学，15岁就学完了《物理学原理》等书籍。他还常常自己动手修理和制作小起重机、滑车以及船上用的各种物件。

1753年，瓦特开始自谋生路。1763年，他来到格拉斯哥大学当教具实验员，负责修理和制造仪器，进一步掌握了当时一些较先进的机械技术。1769年，瓦特终于试制成功第一台带有分离冷凝器的蒸汽机样机，获得了他在革新纽可门蒸汽机过程中的第一项专利。1781年，瓦特研制出一套被称为"太阳和行星"的齿轮联动装置，把活塞的往返直线运动转变为齿轮的旋转运动，从而大大拓展了蒸汽机的使用范围。

1788年，瓦特发明了可以自动控制蒸汽机速度的离心调速器。1790年，他发明了压力表、计数器、指示器和节流阀门。至此，瓦特完成了蒸汽机发明的全过程，并获得了4项专利。瓦特因他的伟大发明而在英国乃至欧洲大陆各国的学术界都享有崇高的地位。1784年，他成为爱丁堡皇家学会的会员，1785年成为伦敦皇家学会的会员。1819年8月

25日，这位改变世界的伟大发明家在家中安然辞世。

瓦特并不是第一个制造蒸汽机的人，但他是第一台实用蒸汽机的发明者。他对当时已出现的蒸汽机原始雏形作了一系列的重大改进，发明了单缸单动式和单缸双动式蒸汽机，提高了蒸汽机的热效率和运行可靠性，对当时社会生产力的发展做出了杰出贡献。他改良了蒸汽机、发明了气压表、汽动锤。他的一生，充分验证了"实践出真知"的道理。他虽未受过系统的学校教育，却在实践中钻研技术、勇于创新，终于发明了蒸汽机，点燃了工业革命的火种，改变了世界历史的进程。

人们为了纪念这位伟大的发明家，把功率的单位定为瓦特，简称为"瓦"。马克思曾经评论说：瓦特的伟大天才表现在他所取得的专利的说明书中，他没有把自己的蒸汽机说成是一种用于特殊目的的发明，而是把它说成是大工业普遍应用的发动机。

法拉第

近代电磁学的奠基人

生卒年：1791—1867
国　籍：英国
出生地：伦敦
身　份：物理学家
志　趣：实验研究

19世纪伟大的实验物理学家、化学家。在化学、电化学、电磁学等领域都做出了杰出贡献。

法拉第从小家境困难，几乎没受过正规学校教育，12岁就当了报童。13岁开始在一家书店学习装订手艺，他利用这一条件阅读了大量物理、化学著作。1812年2月，21岁的法拉第去皇家学院听大化学家戴维的讲座。戴维讲得轻松透彻，法拉第被吸引住了。回来后，他鼓起勇气给戴维写信,同时附上了自己记录、装订的《戴维爵士讲演录》。戴维爵士被法拉第追求科学的热情深深打动,举荐他到皇家研究所任实验室助理,这是法拉第一生的转折点,从此他踏上了科学研究之路。

法拉第于1821年提出"由磁产生电"的大胆设想,并开始了艰苦的探索。1821年9月,他发现通电的导线能绕磁铁旋转,第一次实现了电磁运动向机械运动的转换,从而建立了电动机的实验室模型。1831年,法拉第发现如果一块磁铁通过封闭的线圈时,磁铁的移动将在线圈中产生电流,这种效应被称作电磁感应,产生的电流叫感生电流。

法拉第是电磁场理论的奠基人,他首先提出磁力线、电力线的概念,并第一次提出场的思想,建立了电场、磁场的概念,否定了超距作用观点。后来,法拉第又发现如果极化光通过磁场,它的极化强度可能会改变。这一发现首次指出光与磁之间的关系,具有重要意义。1831年10月28日,法拉第制造了世界上第一台原始的发电机。

1833年,法拉第发现了电解中的两条定律:由相同电量产生的不同电解产物间有当量关系;电解产物的数量与所耗电量成正比。这两条定律为电化学在工业中的广泛应用奠定了基础。法拉第是19世纪最伟大的实验物理学家,人们为了纪念这位物理学大师,把法拉作为电容的国际单位。

在化学方面,法拉第发现了不同的化学物质,如苯类。他还发明了一种加热工具,是本生灯的前身。化学中的氧化数也出自法拉第之手,另外如阳极、阴极、电极及离子等现今电化学中经常使用的专有名词,也是由法拉第推广给了世人。

法拉第婚姻美满,没有孩子。他为人谦逊,淡泊名利,曾拒绝接受爵士封号及担任皇家学会主席之职。1867年8月25日,法拉第逝世,亲人们遵照他的遗愿举行了简单的葬礼,墓碑上只刻有名字和出生年月日。

法拉第家境贫寒,未受过系统的正规教育,却在众多领域中做出惊人成就,堪称刻苦勤奋、探索真理、不计个人名利的典范。

诺贝尔

瑞典著名化学家、工业家、炸药的发明者

生卒年：1833—1896
国　　籍：瑞典
出生地：斯德哥尔摩
身　　份：化学家、工业家
志　　趣：科学研究、发明创造

  瑞典化学家、工程师和实业家，诺贝尔奖的创立人。
  诺贝尔1833年10月21日出生在瑞典的斯德哥尔摩。父亲是位实业家，他不仅遗传给诺贝尔发明创造的资质，而且教授儿子工程学的基础课程。1842年，诺贝尔随家迁徙到俄国的圣彼得堡，同年赴巴黎学习化学。
  16岁诺贝尔成了一位有能力的化学家，能流利地说英、法、德、俄、瑞典等国家语言。1850年离开俄国赴巴黎学习化学，一年后又赴美国在J.埃里克森（铁甲舰"蒙尼陀"号的建造者）的指导下工作了4年。返回圣彼得堡后，在他父亲的工厂里工作，直到1859年该工厂破产为止。重返瑞典以后，诺贝尔开始制造液体炸药硝化甘油。在这种炸药投产后不久的1864年，工厂发生爆炸，诺贝尔最小的弟弟埃米尔和另外4人被炸死。由于危险太大，瑞典政府禁止重建这座工厂，被认为是"科学疯子"的诺贝尔，只好在湖面的一只船上进行实验，寻求减小搬动硝化甘油时发生危险的方法。在一次偶然的机会，他发现：硝化甘油可以被干燥的硅藻土所吸附；这种混合物可以安全运输。上述发现使他得以改进黄色炸药和必要的雷管。黄色炸药在英国（1867年）和美国（1868年）取得专利之后，诺贝尔进而实验并研制成一种威力更大的同一类型的炸药爆炸胶，于1876年取得专利。大约10年后，又研制出最早的硝化甘油无烟火药弹道炸药。他曾要求弹道炸药的专利权要包括柯达炸药，但遭到法庭否决。诺贝尔在全世界都有炸药制造业的股份，加上他在俄国巴库油田的产权，所拥有的财富是巨大的，他因此不得不在世界各地不停地奔波。

返回圣彼得堡后，诺贝尔一边工作一边研究，直到1859年父亲工厂破产为止。1859年，诺贝尔获得关于气量计、水表和气压计的专利，激发了他作为一个发明家的兴趣。1863年10月，他获得雷管的发明专利权，这项发明被人们称之为"诺贝尔引燃器"。

1867年，诺贝尔用硅藻土吸收硝化甘油制成稳定的黄色炸药。1875年，制成由火棉与硝化甘油混合形成的具有弹性的爆胶。这种炸药既有硝化甘油那样大的爆炸力，又具有黄色炸药那样的安全性。1887年，诺贝尔又用等量火棉和硝化甘油加入10%樟脑制成巴里斯特炸药，又称硝化甘油无烟火药。1888年，又发明了用来制造军用炮弹、手雷和弹药的无烟炸药，亦称"诺贝尔爆破炸药"。1896年12月10日，诺贝尔在意大利的圣雷莫逝世。他终身未婚。

伦　琴

德国物理学家，X射线的发明者

生卒年：1845—1923
国　籍：德国
出生地：尼普镇
身　份：物理学家、教师
志　趣：科学研究

威尔姆·康拉德·伦琴出生在德国尼普镇一个富裕的布匹商人家庭。3岁时全家迁居到荷兰的阿佩尔顿。1865年，伦琴进入苏黎世联邦工业大学机械工程系学习，1868年毕业，1869年获博士学位。他出色的研究才能引起了当时在学院担任教授的著名物理学家奥古斯都·昆德的关注，并被昆德委任为实验室首席助理。

1870年，伦琴与老师昆德一起返回德国，先后随昆德在维尔兹堡大学和斯特拉斯堡大学任教。1894年，他当选为维尔兹堡大学校长，同时开始进行真空玻璃管里放电现象的实验研究工作。1895年11月8日晚上，伦琴在进行阴极射线的实验时，将密封的玻璃管用厚黑纸完全覆盖起来，以避免光线干扰。可是当他接通阴极射线管的电路时，惊奇地发现在附近一条长凳上的一个荧光屏开始发光，好像受一盏灯的感应激发出来的。他断开阴极射线管的电流，荧光屏即停止发光。

由于阴极射线管完全被覆盖，伦琴很快就认识到当电流接通时，一定有某种不可见的辐射线自阴极发出。于是，他把这种神秘的辐射线称为"X射线"——X在数学上通常用来代表未知数。他让妻子把手放在射线和照相底片之间，经过片刻便取出底片显影，这便是世界上首张"X光照片"。那上面清晰可见伦琴夫人手骨的结构，还有手上所戴戒指的阴影。

1895年12月，伦琴写出了他的第一篇X射线的论文，发表后立即引起人们极大的兴趣。他说："很快我们就发现，在这些射线面前，所有的物体都是透明的，尽管透明的程度各不相同。" 1896年1月20日，美国医生已经应用伦琴射线首次对病人的骨折进行准确的诊断，伦琴的科学发现大大推动了医学的进步。1896—1897年间，伦琴又发表了两篇关于X射线的学术论文。

伦琴发现了X射线，为人类利用X射线诊断与治疗疾病开拓了新途径，开创了医疗影像技术的先河。为了使医生可以更清晰对人体内脏器官的病灶和症状进行观察、更好地对症下药，迅速、彻底地解除病人的痛楚，世界各国科学家孜孜不倦地对医疗影像技术进行着研究和改进。20世纪70年代中期，电子计算机的应用为医疗影像带来了第一次革命性的创新，结合了电子计算机技术的第一台医疗影像设备——CT扫描仪诞生了！

1900年，伦琴担任慕尼黑大学物理学院的教授和院长。1901年诺贝尔奖第一次颁发，伦琴就由于这一发现而成为第一位获得诺贝尔物理学奖的科学家。

1923年2月10日，伦琴由于身患癌症在慕尼黑去世。

爱迪生

著名发明家，被誉为"世界发明大王"

生卒年：1847—1931

国　籍：美国

出生地：米兰

身　份：发明家

志　趣：科学研究

托马斯·阿尔瓦·爱迪生，举世闻名的美国电学家和发明家，他除了在留声机、电灯、电话、电报、电影等方面的发明和贡献以外，在矿业、建筑业、化工等领域也有不少著名的创造和真知灼见。为人类的文明和进步做出了巨大的贡献。

爱迪生7岁时全家搬到格拉蒂奥特堡定居下来。8岁上学，仅仅读了3个月的书，就被老师斥为"低能儿"而撵出校门。从此以后，母亲成为他的家庭教师。为了维持生计，他11岁就到火车上卖报。爱迪生15岁那年，救了一个在铁轨上玩耍的小男孩。孩子的父亲为他在火车站谋了一个职位，并亲自把收发电报的技术传授给他。

1868年，爱迪生因一台自动记录投票数的装置而获得了第一项发明专利权。1869年10月，他与波普一起成立了"波普—爱迪生公司"，专门经营电气工程的科学仪器。1879年，他创办了爱迪生电力照明公司，1880年白炽灯上市销售。1890年，爱迪生将其各种业务组建成为爱迪生通用电气公司。1931年10月18日，这位伟大的科学家因病去世，享年84岁。

爱迪生一生共有两千多项发明，其中1093项获得了发明专利权。他最主要的三大发明——留声机、电灯和电力系统、电影摄影机——丰富和改善了人类的文明生活。

爱迪生在做电报技师的时候，着手改良传统发报机，制造出二重发报机。1874年又研发出四重发报机，也就是同步发报机。在无线电还没有发展的当时，同步发报机是一项重大的突破。

爱迪生改良了电话机，经过一次又一次的实验，终于突破传统的窠臼，制造出碳粉送话器，一举提高了电话的灵敏度、音量及接收距离。他还发明了复印机，1876年厂家已经开始批量生产他发明的复印机。1877年12月，在爱迪生的努力之下，有了人类有史以来第一次录音。后来爱迪生又多次改良留声机，直到将滚筒式改成胶木唱盘式为止。爱迪生除了改良照明之外，还创造出一套供电系统，而且推出了可以持续照明1200小时的竹丝灯泡。

爱迪生的文化程度极低，但有一颗好奇的心，一种亲自试验的本能，同时具有超乎常人的艰苦工作的无穷精力、果敢精神和发挥集体智慧的才能。当有人称爱迪生是个"天才"时，他却解释说："天才就是2%的灵感加上98%的汗水。"他在"发明工厂"，把许多不同专业的人组织起来，里面有科学家、工程师、技术人员、工人共100多人，爱迪生的许多重大发明就是靠这个集体的力量才获得成功的。他的成就主要归功于他的勤奋和创造性才能以及集体的力量。1931年10月18日，这位伟大贡献的科学家因病逝世，终年84岁。

巴甫洛夫

俄国生理学无冕之王，高级神经活动学说的创始人

生卒年：1849—1936
国　籍：俄国
出生地：梁赞州
身　份：生理学家、心理学家
志　趣：生理学研究

苏联生理学家、心理学家、医师、高级神经活动学说的创始人，苏联科学院院士。

巴甫洛夫出生在一个乡村牧师的家庭，曾学神学，1870年入圣彼得堡大学学习化学及生理学。1875年进入军事医学院深造，并于1883年获得博士学位。1884—1886年在德国进行心血管和胃肠生理学的研究，1888—1890年在圣彼得堡进行循环和消化生理学的研究，1890—1924年任军事医学院药理学教授，1891年起兼任实验医学研究所生理研究室主任。

巴甫洛夫在学生时代就开始从事心血管神经调节的研究，提出了心脏营养神经的概念。在1890—1924年任生理学教授期间，他开始研究消化生理，揭示了消化系统活动的一些基本规律，设计了巴氏小胃等手术方法。有了这种方法，人们就可以对未麻醉的动物的消化液分泌等功能进行终身观察。

巴甫洛夫是第一个用生理学实验方法来研究高等动物和人的大脑活动的科学家，创立了大脑两半球生理学和条件反射学说。1890—1930年间，他研究了大脑皮质及皮层下中枢活动的生理机制、皮层的功能镶嵌式、睡眠、神经症的病因等，证明言语功能为人类所特有，是以语词作为刺激的条件反射。

1904年，因"在消化生理学方面的成就，使得这个问题的有关生命的重要方面得到更加清楚的认识"，巴甫洛夫获得诺贝尔生理学或医学奖。十月革命后，在圣彼得堡建立了专门研究条件反射的实验站。晚年他又领导了苏联科学院生理研究所的工作。1930年开始用他的理论来解释及治疗精神病。

他的科学贡献大致分为三个时期，属于三个领域，即心脏生理、消化生理和高级神经活动生理。他提出了两个信号系统学说。他的高级神经活动学说对于医学、心理学以至于哲学等方面都有影响。

巴甫洛夫在心理学界的盛名首先是由于他关于条件反射的研究，而这种研究却始于他的老本行——消化研究。正是狗的消化研究实验将他推向了心理学研究领域，虽然在这一过程中他的内心也充满了激烈的斗争，但严谨的治学态度终于还是使他冒着被同行责难的威胁，将生理学研究引向了心理学领域，而后来，该项研究的成果—条件反射理论又被行为主义学派所吸收，并成为制约行为主义的最根本原则之一。巴甫洛夫对心理学界的第二大贡献在于他对高级神经活动类型的划分，而这同样始于他对狗的研究。他发现，有些狗对条件反射任务的反应方式和其他狗不一样，因而他开始对狗进行分类，后来又按同样的规律将人划分为4种类型，并和古希腊人提出的人的4种气质类型对应起来，由此，他又向心理学领域迈进了一步。

巴甫洛夫从事生理学研究六十余年，为人类做出了不可磨灭的贡献。有《巴甫洛夫全集》6卷（苏联科学院出版）传世。1936年2月27日，巴甫洛夫与世长辞。

弗莱明

青霉素的发明者

生卒年：1881—1955
国　籍：英国
出生地：苏格兰洛克菲尔德
身　份：细菌学家
志　趣：免疫学研究

英国著名的医生，伟大的细菌学家，青霉素之父。

亚历山大·弗莱明于伦敦圣玛利亚医院医科学校毕业后，从事免疫学研究。他在第一次世界大战中曾任军医，着手研究如何避免伤口感染问题，战后返回圣玛利亚医院。1922年，弗莱明在做实验时发现了一种后来被他称为溶菌酶的物质。

当时，患了感冒的弗莱明无意中对着培养细菌的器皿打喷嚏。后来他注意到，在这个培养皿中，凡沾有喷嚏黏液的地方没有一个细菌生成。随着进一步的研究，弗莱明发现了溶菌酶——在体液和身体组织中找到的一种可溶解细菌的物质，他以为这可能就是获得有效天然抗菌剂的关键。但很快他就丧失了兴趣：试验表明，这种溶菌酶只对无害的微生物起作用。

不过，1928年。在弗莱明外出休假的两个星期里，一只未经刷洗的废弃的培养皿中长出了一种神奇的霉菌。他又一次观察到这种霉菌的抗菌作用——细菌覆盖了器皿中没有沾染这种霉菌的所有部位。不过，这一次感染的细菌是葡萄球菌，这是一种严重的、有时是致命的感染源。经证实，这种霉菌液还能够阻碍其他多种病毒性细菌的生长。弗莱明在实验中发现，当培养基暴露在空气中受到一种霉的污染时，恰好在霉周围区域中的细菌消失了。于是，他断定这种霉在生产某种对葡萄球菌有害的物质，不久他就证明了这种物质能抑制许多其他有害细菌的生长，并将其命名为青霉素（又译为盘尼西林）。

弗莱明的结果发表于1929年9月15日，起初并未引起足够的重视。他指出青霉素将会有重要用途，却无法发明一种提纯青霉素的技术，致使这种灵丹妙药十几年一直未得到使用。终于在20世纪30年代末期，澳大利亚医学研究人员霍德华·弗洛里和英国的医学研究人员厄恩斯特·鲍里斯·钱恩重复了他的工作，证实了他的结果。然后二人提纯青霉素，给实验室动物试用；1941年给病人试用。他们的实验清楚地表明了这种新药具有惊人的效力。二战结束时，青霉素的使用已遍及全世界。

青霉素的发现，成为20世纪医学界最伟大的创举。这使弗莱明在全世界赢得了25个名誉学位、15个城市的荣誉市民称号以及其他140多项荣誉，其中包括诺贝尔医学奖。

成名之后，在弗莱明本人的演讲中，他总是把青霉素的诞生归功于弗洛里、钱恩和他的同事所作的研究。1944年，他获得贵族称号。1945年，弗莱明与钱恩、弗洛里共同获得诺贝尔生理学或医学奖。在生命的最后十年里，这位伟大的细菌学家获得了许多奖励及荣誉称号。1955年3月11日，弗莱明因心肌梗死去世。他的遗体被安葬在伦敦圣保罗大教堂墓地。

莱特兄弟

飞机的发明者

生卒年：1867—1912　　1871—1948
国　籍：美国
出生地：俄亥俄州
身　份：发明家
志　趣：发明创造

莱特兄弟是飞机的发明人，人类历史上第一架动力飞机的设计师，他们为开创现代航空事业做出了不巧的贡献。

年幼时，这对兄弟俩就已经显出对机械设计、维修的特殊能力。他们喜欢摆弄旧器械，善于思考，富于幻想，每当他们闲暇时，兄弟俩要么讨论某一个机械的结构，要么就去看工匠们修理机器。他们手艺精巧，还经常做出好些有创新意义的小玩具，比如会自由转弯的雪橇等等。1871年圣诞节，父亲送给他们一个飞螺旋玩具，这个上紧橡皮筋后可以飞上天空的玩具引起了莱特兄弟极大兴趣，他们把这个玩具玩了拆，拆了装，渴望制造出一种能飞上天空的机器。这个愿望影响了他们一生。

莱特兄弟只受过几年的学校教育，并没有得过正规文凭。他们对功课也不重视，飞上蓝天的梦想倒是一直在激励着他们。1899年，兄弟俩开始研究飞行问题，经过不断努力，1900年10月，他们的第一架滑翔机试飞了，1903年12月17日，莱特兄弟制造的人类历史上第一架飞机成功地在北卡罗来纳州试飞成功。威尔伯最后一次试飞，滞空时间59秒，飞行距离为260米。时间虽短，距离也不远，但它标志着一个崭新时代的到来。这架飞机被他们命名为"飞行者Ⅰ号"（现在通常称为"基蒂霍克号"），至今仍陈列在华盛顿的国家航空博物馆内。

1904年，莱特兄弟制出了改进的"飞行者Ⅱ号"，它的滞空时间延长到5分钟，飞行5千米。1905年，他们又推出了"飞行者Ⅲ号"，它可以在空中连续飞行半小时，飞行距离为40千米。

1906年，莱特飞机的专利在美国得到承认。1908年8月8日，威尔伯·莱特驾驶着他的飞机在众多法国名流面前进行公开表演。此时，人们再也不能不为眼前的情景感到惊讶了：这架飞机已经在空中盘旋100多圈，停空时间达1个多小时，它打破了以往任何飞机所创下的所有记录，而且能够爬高、倾斜、平衡地飞8字。

1909年，莱特兄弟正式接受美国陆军部的订货并组建了莱特飞机公司，还签订了在法国代顿镇建立飞机公司的合同。他们孜孜不倦地埋头研究，一架架性能更为优异的飞机从飞机厂出厂。到了第一次世界大战末期，莱期公司生产的2000多台发动机正在世界各个角落上空运转。他们曾获得多种荣誉和奖励。1924年，奥维尔·莱特被授予卓越飞行十字章。人们在基蒂霍克莱特飞机试飞成功的地方为两兄弟竖立起纪念碑。莱特兄弟一生致力于飞行事业，终身未娶，为人类交通工具的发展做出了巨大贡献，实现了人们多年来的梦想。

爱因斯坦

20世纪最杰出的物理学家，现代物理学的开创者

生卒年：1879—1955

国　籍：美国

出生地：德国乌尔姆

身　份：物理学家

志　趣：物理

20世纪最杰出的物理学家，现代物理学的开创者和奠基人，相对论的提出者，"决定论量子力学诠释"（振动的粒子）的捍卫者。

阿尔伯特·爱因斯坦出生于德国南部乌尔姆城一个犹太家庭。小时候他给人的印象并不聪明，甚至有些愚笨迟钝。然而，父母从来没有放弃对他的培养，他们发现儿子虽然反应有些迟缓，却喜欢观察外界事物，于是买回各种新奇的玩具让他玩，但小爱因斯坦更多的是"研究"玩具。

爱因斯坦小学和中学成绩均属平常，为了上大学，补习一年才进入苏黎世工业大学师范系，攻读数学和物理，最终选择物理作为自己终生研究的领域。1900年大学毕业，却陷入失业的困境，只能依靠做家教甚至拉小提琴卖艺为生。1901年取得瑞士国籍。1902年被苏黎世专利局任命为技术员。

1905年可谓是爱因斯坦的"奇迹年"，他在狭义相对论、光电效应和布朗运动三个不同领域里都取得了重大成就。同年9月，爱因斯坦发表《论动体的电动力学》一文，提出狭义相对论，解释了牛顿经典力学所不能解释的现象，这是近代物理学史上最伟大的革命。狭义相对论的两条基本原理是相对性原理和光速不变原理。他还得出了质能关系式$E=mc^2$（m为物体质量，c为光速，E为能量），这一方程式揭示了原子核内部蕴含着巨大能量，成为核物理和高能物理的基础。

爱因斯坦1909年开始在大学任教，1914年任威廉皇家物理研究所所长兼柏林大学教授。1916年，爱因斯坦发表《广义相对论的基础》一文，这一旷世之作标志着20世纪理论物理学达到了顶峰，他曾解释说："狭义相对论适用于引力之外的物理现象，广义相对论则提供了引力定律以及它与自然界其他力之间的关系。"

1921年，爱因斯坦因在光电效应方面的研究成果而荣获诺贝尔物理学奖。1940年取得美国国籍。1955年4月18日，一代科学巨人在美国普林斯顿悄然而逝，并留下一份颇为特殊的遗嘱：不发讣告，不举行葬礼，不建坟墓，不立纪念碑。一位法国物理学家这样评价他："在我们这一时代的物理学家中，爱因斯坦将位于最前列。他现在是、将来也还是人类宇宙中最光辉的巨星之一。" 1999年12月26日，被美国《时代》周刊评选为"世纪伟人。"

爱因斯坦的成就大大推动了天文学的发展。他的量子理论对天体物理学，特别是理论天体物理学都有很大的影响。理论天体物理学的第一个成熟的方面——恒星大气理论，就是在量子理论和辐射理论的基础上建立起来的。

爱因斯坦创立了相对论宇宙学，建立了静态有限无边的自洽的动力学宇宙模型，并引进了宇宙学原理、弯曲空间等宇宙学理论新概念，大大推动了现代天文学的发展。

霍 金

国际著名数学家、理论物理学家

生卒年：1942—2018
国　籍：英国
出生地：伦敦
身　份：数学家、物理学家
志　趣：物理学、数学

当代最重要的广义相对论和宇宙论家，是21世纪享有国际盛誉的伟人之一，被称为在世的最伟大的科学家，"另一个爱因斯坦""不折不扣的生活强者""敢于向命运挑战的人"，被称为"宇宙之王"。

1942年1月8日，斯蒂芬·霍金出生在一个医生家庭。17岁时考入牛津大学学习物理，1962年，20岁的霍金以优异的成绩进入剑桥大学研究生院继续学习物理。1963年，他被确诊为患上肌肉萎缩性脊髓侧索硬化症（ALS），医生说，他的身体会越来越不听使唤，只有心、肺和大脑还能运转，并被"宣判"只剩两年生命。

现实如此残酷，霍金也曾消沉过，后来在家人和妻子的关心下，他又鼓起生活的勇气，开始致力于理论研究工作。1970年，霍金开始使用轮椅。1972年后在剑桥大学天文研究所、应用数学和理论物理学部进行研究工作，1974年成为英国皇家学会最年轻的会员，1979年被任命为剑桥大学有史以来最为崇高的教授职务,即牛顿和狄拉克担任过的卢卡逊数学教授。

霍金研究的是宇宙中的基本问题,不过他很少用望远镜直接观测太空,更多的是靠直觉和理论分析。在一次学术会议上,他说出来的一黑板数学推导公式像乐谱似的,使得一位科学家惊叹道:"神奇的霍金真像伟大作曲家莫扎特创作一整部交响乐一样,把整个宇宙都记在脑子里了!"

1973年,霍金的"黑洞"理论一经发表,立即轰动科学界。他在统一20世纪物理学的两大基础理论——爱因斯坦的相对论和普朗克的量子论方面走出了重要一步。1978年,霍金获得物理学界最有威望的大奖——阿尔伯特·爱因斯坦奖。霍金和著名科学家彭罗斯一起证明了奇点定理,为此他们共同获得了1988年的物理学大奖——沃尔夫奖。

1985年,霍金完全丧失语言能力,表达思想的唯一工具是一台电脑声音合成器。他用仅能活动的3根手指操纵一个特制的鼠标器在电脑屏幕上选择字母、单词来造句,然后通过电脑播放声音,通常准备一个小时的演讲就要耗费他10天左右的时间!

霍金认为他一生的贡献是,在经典物理的框架里,证明了黑洞和大爆炸奇点的不可避免性,黑洞越变越大;但在量子物理的框架里,他指出,黑洞因辐射而越变越小,大爆炸的奇点不但被量子效应所抹平,而且整个宇宙正是起始于此。

比尔·盖茨

电脑界的传奇人物,微软公司创造者

国　籍:美国
出生地:西雅图
生卒年:1955—

微软公司创始人之一、前微软公司主席兼首席软件架构师。他是一个天才，13岁开始编程，并预言自己将在25岁成为百万富翁；他是一个商业奇才，独特的眼光使他总是能准确看到IT业的未来，独特的管理手段，使得不断壮大的微软能够保持活力，成为全球最大的计算机企业。

1955年10月28日，比尔·盖茨生于美国西北部华盛顿州的西雅图。父亲是律师，母亲是教师，良好的家庭环境对于盖茨的成长有着非常重大的影响。盖茨曾就读于在西雅图的公立小学和私立的湖滨中学。在那里，他发现了他在软件方面的兴趣并且在13岁时开始了计算机编程。1972年5月，比尔·盖茨把他编制的第一套软件，一套课程管理系统软件卖给了他就读的西雅图高中，得到了4200美元的报酬。

1973年，盖茨被哈佛大学录取，就读法律专业。和现在微软的首席执行官史蒂夫·鲍尔默结成了好朋友，并为第一台微型计算机——MITS Altair开发了BASIC编程语言的一个版本。

1975年，盖茨和保罗终于成立了自己的公司，他们拥有了自己的技术BASIC，拥有了实力和经验。盖茨将公司命名为微软，就是微型计算机和软件公司的缩写。其后不久，著名的通用电气公司也决定使用BASIC，微软从此名声大噪。

1983年11月，比尔·盖茨宣布Windows问世，但是一年过去了，Windows很受冷落。不少用户抱怨原始版的Windows软件常常不能运行。微软继续努力，又相继推出Windows1.03版和Windows2.0版，可惜都反应平平。

1990年5月，Windows3.0隆重推出。微软公司花巨资做宣传，这个成熟的窗口软件终于获得了空前的成功。它的问世，具有划时代的意义，标志着个人电脑领域内又一轮革命开始。Windows3.0版由于其"图形化"和"易使用"的特点，受到千百万用户热烈的欢迎，把比尔·盖茨和微软公司推向成功的巅峰。微软的股票节节上升，终于，盖茨成为了全球闻名的"软件大王"。

2000年，盖茨任命他的好友史蒂夫·鲍尔默为微软首席执行官，而自己则为"首席软件设计师"。2001年底，微软推出了Windows XP。

39岁便成为世界首富，并连续13年登上福布斯榜首的位置，微软公司成为个人计算和商业计算提供软件、服务和Internet技术的世界范围内的领导者。截至2008年，微软公司收入近620亿美元，在60个国家的雇员总数超过了50 000人。

2008年7月盖茨从微软退休。

玛格丽特一世

北欧历史上最伟大的女王

生卒年：1353——1412

国　籍：丹麦

出生地：沃丁堡

身　份：女王

家　庭：贵族

志　趣：统一北欧各国

性　格：野心勃勃、铁腕智谋

丹麦、瑞典和挪威女王，建立了统一丹麦、瑞典和挪威的卡尔马同盟。在所有斯堪的纳维亚国家的历史上，玛格丽特一世均起着一个中心作用。她是中世纪最重要的人物之一，同时也是世界史中最伟大的妇女之一。她是一个叱咤风云的铁腕女子，从未登基受封，却被誉为丹麦历史上最伟大的君主之一，堪称"无冕女王"。她诞生在女性无权继承王位的年代，而后人始终将一个响亮的称谓留给了她——玛格丽特一世。

1353年，玛格丽特出生在丹麦，她是丹麦国王瓦尔德玛四世最年轻的女儿。她不但天生丽质、绝顶聪明，而且胸怀大志、野心勃勃。1363年，年仅10岁的她嫁给了挪威王子也就是日后的国王哈康六世。1375年她的父王逝世，她凭着才智和手腕，将本应登上王位的她姐姐的儿子排斥在外，把自己的儿子奥拉夫王子推上了丹麦国王的宝座。奥拉夫继位时年仅6岁，所以玛格丽特成为丹麦的实际统治者。1380年玛格丽特的丈夫哈康六世死后，她的儿子奥拉夫又继承了挪威王位。这样，玛格丽特成了丹麦、挪威两国的实际统治者。1387年，17岁的奥拉夫早夭。丹麦帝国议会迫于形势决定，在找到合适的男性继承人之前，推举玛格丽特为丹麦的"全权统治者和监护人"。玛格丽特虽无女王的正式头衔，但实际上已成为丹麦女王。次年，挪威也推举她为"名正言顺的统治者"。

她得到丹麦、挪威的统治权后，把目光转向垂涎已久的瑞典。经过7年的谈判和战争，她用尽了各种手腕和策略，终于击败了瑞典国王阿尔布莱克特，取得瑞典的统治权。至此，丹、挪、瑞三国联盟事实上已经形成。为使三国联盟永远保持下去，玛格丽特开始考虑她的继承人问题。她收养了她姐姐的外孙艾立克，并努力说服丹、挪、瑞三国的国务委员会推选艾立克为她的继承人。1397年，三国代表在瑞典东南部的沿海城市卡尔马聚会，正式建立"卡尔马同盟"，拥立年仅16岁的艾立克为三国联盟的君主，并为他加冕，玛格丽特则仍退居摄政地位。

1412年，玛格丽特为了收回被当时的普鲁士所占领的日德兰南部地区，乘船南下，试图再次施展外交手腕收复失地。但是，当她的船到达弗兰斯堡海湾时，她不幸传染上了鼠疫，这一年的10月28日，她凄凉地死在船上。

贞 德

法国历史上的民族英雄、传奇式的圣徒

生卒年：1412—1431

国　　籍：法国

出生地：栋雷米

身　份：圣徒、军事家

家　庭：平民

志　趣：维护民族独立

性　格：沉着镇静、大智大勇

法国的民族英雄、军事家，天主教会的圣女。英法百年战争（1337—1453）时她带领法国军队对抗英军的入侵，支持法查理七世加冕，为法国胜利做出贡献。最终被俘，被宗教裁判所以异端和女巫罪判处她火刑。

1412年3月28日，贞德出生在法国的农村栋雷米。这个村庄属于法国东北部仍然忠诚于法国王室的一小块孤立地区之一。当时正经历英法百年战争（1337—1453），法国屡屡战败。在贞德的童年中，村庄遭受了几次袭击，其中一次甚至使村庄起了大火。

传说贞德16岁时在村后的大树下遇见天使圣米迦勒、圣玛嘉烈和圣凯瑟琳，神要求她带兵收复失地，并辅佐王储查理七世登基。1428年贞德访问法国驻防部队指挥官博垂科特，希望觐见王储，被嘲笑一番。第二年，她再次提出要求，并说出了一些神奇应验的战情预报，终于见到查理七世。

当年4月，贞德参加了解救奥尔良的战斗，战场上她足智多谋、身先士卒。她投入了每一场小规模战斗中，身处战斗的最前线，并随身带着她那明显的旗帜。奥尔良战役获胜后，她提出了大胆的作战计划，放弃进攻巴黎，而选择进攻路程远远超过巴黎的兰斯——这里是法国国王加冕的地方。1429年，法国收复了兰斯，次日查理七世在兰斯的大教堂举行加冕式。加冕式时查理七世的顾问官们，已经开始外交政策的考虑，虽然贞德和阿朗松极力主张进攻巴黎。勃艮第的菲利普公爵利用谈判来作为缓兵的策略手段，在谈判的同时暗中增援巴黎的防御。法军继续往巴黎前进，途中获得更多城镇的和平投降。由英国贝德福公爵率领的英军与法军在8月15日相遇，双方打成平手。法军在贞德的指挥下挥师巴黎。然而，宫廷同英国勃艮第公爵进行了和谈，不久兵临巴黎城下的贞德就接到了撤军命令。

1430年5月13日贞德前往贡比涅以抵挡英国和勃艮第人的攻势。

5月23日在一场小规模战斗中，贞德在撤退时被勃艮第人俘虏。当时，她下令军队撤回贡比涅城时，她在军队的最后以确保所有人都退回了城里，但就在这时贡比涅城因为害怕英军跟着闯入，没等所有部队撤回便将城门关下，贞德与剩余的后卫部队被俘。勃艮第人将贞德交给了英国人，宗教裁判所以异端的罪名判处她死刑。1431年5月30日，贞德被绑在火刑柱上受刑，她手中一直握着十字架祈祷。

20年后，英国人被彻底逐出法国，贞德年老的母亲说服教宗重新审判贞德，1456年她被平反，1920年罗马天主教会封贞德为"圣女"。

伊丽莎白一世

缔造大英帝国辉煌时代的"童贞女王"

生卒年：1533—1603
国　籍：英国
出生地：格林尼治
身　份：女王
家　庭：贵族
志　趣：统治英格兰
性　格：智慧超群、宽容博大

英国历史上最杰出的帝王。在她当政的45年期间，英国的经济繁荣昌盛，文学璀璨辉煌，军事上一跃成为世界首屈一指的海军强国。她为英国贴上了"大国"，乃至"世界霸主"的标签，开创了英国崛起的黄金时代——"伊丽莎白时代"。

她历经坎坷而功勋卓著；她有一个多情而不负责任的父亲、一个婢女出身最后被处以死刑的母亲、一个被称为"血腥玛丽"的女王姐姐、一个曾经被宣布为"私生子"的童年、一个终生未嫁的"童贞"之身……她就是英格兰女王——伊丽莎白一世。

伊丽莎白1533年出生在英国的格林尼治。她父亲是领导英国宗教改革的亨利八世。她的母亲安娜·布琳是亨利的第二个妻子。1536年安娜被斩首，几个月以后英国国会宣布当时3岁的伊丽莎白是私生子（他们认为亨利和原配妻子离婚是非法的）。不过，伊丽莎白还是在皇室中哺育成人，受到良好的教育。

1547年当伊丽莎白13岁的时候，亨利八世死了。伊丽莎白同父异母的兄长爱德华六世从1547年执政一直到1553年。在他的统治下，政府推行坚决支持英国新教的政策。玛丽女王一世在其随后的当政期间，支持罗马教皇的至高权力，恢复了罗马天主教。1558年玛丽死去由25岁的伊丽莎白继位。

在她统治英国的45年（1558—1603）中，她为英国解决了许多棘手的问题。首先是宗教。她的父亲亨利八世和她的姐姐"血腥玛丽"女王在位时，推行极端的宗教政策，宗教的分裂已经威胁到整个英格兰的统一。她继位后以一项折中法案调和了宗教矛盾，使得英格兰新教徒和天主教徒之间逐渐消解仇恨，和睦共处，英格兰因此保持了民族的统一。

其次是经济。她努力发展国内的工商业，大搞海外殖民扩张，开辟了好几条海外商路。在她的不懈努力下，英国经济逐渐走向了繁荣，为以后成为"世界霸主"打下了极好的基础。她又以和平的方式解决了英格兰与法国、苏格兰的战争。她打败西班牙"无敌舰队"，让世界见识了她强硬的面孔，也牢固地树立起英国海上霸主的地位。

伊丽莎白时代同时也是"英国文化史上美妙的春天"。其时文化璀璨，人才辈出，哲学家培根、戏剧大师莎士比亚纷纷亮相。1601年莎翁新剧《哈姆雷特》在伦敦上演。当哈姆雷特在舞台上说出"脆弱啊，你的名字是女人"时，台下就坐着这位意志坚定、掌握了无上权势的女王，而历史给她的名字绝不是"脆弱"，而是永远的"伊丽莎白一世"！

叶卡捷琳娜二世

铁腕和风流同样有名的俄国女皇

生卒年：1729—1796

国　　籍：俄国

出生地：德国斯特丁

身　　份：女王

家　　庭：贵族

志　　趣：读书、权力和男人

性　　格：雄心勃勃、目光远大、放荡风流

俄国女皇，在俄国历史上，叶卡捷琳娜与彼得大帝齐名。

叶卡捷琳娜，原名索菲亚·弗雷德里卡·奥古斯塔。她原为德意志一公爵之女，14岁随母亲游历俄国，在一场政治婚姻中嫁给了俄国女皇叶丽萨维塔的外甥彼得三世，成为俄国王位继承人。但彼得性格乖戾、宠爱情妇，经常羞辱叶卡捷琳娜。

1762年叶丽萨维塔去世，彼得登上了皇位，世称彼得三世。他从小就在德意志长大，甚至不会说俄语，处处蔑视俄国。而叶卡捷琳娜，一个真正的日耳曼人，却虔诚地皈依了东正教，认真地学习俄语，母仪天下的形象得到了俄国人的承认。1762年7月9日，在奥尔洛夫兄弟和哥萨克首领拉祖莫夫斯基的帮助下，叶卡捷琳娜发动政变，成功夺取皇位，囚禁了彼得三世，成功夺取皇位。几天后，彼得三世神秘死亡。她终于成为世界上幅员最大帝国的主人。

叶卡捷琳娜在内政外交上实施了一系列强硬手段，掌控与操纵这个以男性为主的世界达34年之久。

在对外政策方面，为实现其夺取世界霸权的计划，对土耳其发动了两次战争，打通了黑海口，侵占克里木半岛在内的黑海北岸广大地区。

同瑞典进行了战争。伙同普鲁士、奥地利，于1772、1793和1795年3次瓜分波兰。侵占了立陶宛、白俄罗斯和西乌克兰的大部分土地，置格鲁吉亚为保护国，俄国版图由此扩大了67万平方千米。到18世纪80年代，俄国成为横跨欧、亚、美三洲的超级帝国，1789年法国大革命爆发后，力图组织反法联盟，积极参与欧洲君主国镇压法国革命，在俄国历史上开创了干涉欧洲革命的先例，使俄国成为欧洲宪兵。她本人成为俄国历史上继彼得大帝之后的又一英主。

在对内政策方面，力图加强贵族官僚的国家机器，扩大贵族特权，维护和发展农奴制。为了建立帝国，她给了贵族们更多的自由，把更多的人变成了农奴，使俄国的农奴制度达到黄金时代，她也因此被称为"贵族女皇"。她反对愚昧和落后，在给伏尔泰的信中她说："从17岁起，我能自由地支配我的时间以来，您的著作是我最好的师友。"她赞助和支持俄国艺术的发展，比西欧任何一位君主都更慷慨地资助哲学家和艺术家。同时她爱好男色，情夫众多，这也成为许多历史学家好奇的地方。

1796年11月6日，叶卡捷琳娜女皇结束了她辉煌的一生。

燕妮·马克思

卡尔·马克思的妻子、助手和亲密战友

生卒年：1814—1881
国　籍：德国
出生地：威斯特华伦
身　份：社会学家
家　庭：贵族
志　趣：辅助马克思从事著述和社会活动
性　格：刚毅自强、坚贞持重

1814年2月12日，燕妮出生于德国的一个贵族家庭，原名为燕妮·冯·威斯特法伦。她的父亲是商人，后来成为普鲁士政府枢密顾问官，负责特利尔事务。贵族出身和良好的教育，使她在特利尔备受注目，甚至被选为"特利尔舞会皇后"。

燕妮和马克思从小青梅竹马长大。但由于门第的悬殊，而且燕妮年长马克思4岁，他们的恋情持续了7年，直到1843年才结成伴侣。婚后燕妮放弃了贵族生活，随马克思辗转流亡到巴黎和伦敦。他们生活困难得达到难以想象的地步，7个孩子只有3个活了下来。由于贫困，她不得不经常把家里的东西抵押出去。即便如此，燕妮还是深深地爱着马克思。

燕妮除了尽母亲和主妇的责任外，燕妮·马克思在社会运动中也有她自己的角色，她经常参加社会活动，在伦敦生活期间她也不断地通过德文报纸发表政治文章和论文。

燕妮·马克思对卡尔·马克思的作品有十分重要的影响。燕妮协助马克思抄写、整理他的手稿，她戏称自己是马克思的"秘书"。她不仅为马克思抄写和影印了手稿，她经常与马克思一起讨论修改他的文章，纠正其中的错误并润色。

燕妮和马克思困难的生活状况直到1867年马克思的重要著作《资本论》出版以后，才有所改善。过度的贫困和劳累使得燕妮的健康逐渐恶化，1867年她被诊断患上癌症，1881年12月2日，她在伦敦去世。

维多利亚女王

英国历史上在位时间最长的君主

生卒年：1819—1901
国　籍：英国
出生地：伦敦
身　份：女王
家　庭：贵族

志　趣：创造英国历史的辉煌
性　格：魄力与才能兼备

　　维多利亚女王是英国历史上在位时间最长的君主，是第一个以"大不列颠和爱尔兰联合王国女王和印度女皇"名号称呼的英国君主。女王统治时期，特别是1851年以后，在英国历史上被称为维多利亚时代。她在位的60余年，正值英国自由资本主义由方兴未艾到鼎盛、进而过渡到垄断资本主义的转变时期，经济、文化空前繁荣，君主立宪制得到充分发展，使维多利亚女王成了英国和平与繁荣的象征。是英国最强盛的所谓"日不落帝国"时期。

　　1819年5月24日，维多利亚生于伦敦。她是英国爱德华王子和德国维多利亚公主的唯一爱女。在她9个月时，父王去世。受几个叔父的排挤，母亲被迫离开宫廷。她在皇宫度过了冷清寂寞的童年。当她的叔父们先后归天而又后继无人时，她于1837年继位，成为英国女王，直到1901年辞世，她统治英国长达64年，开创了英国历史上的黄金时代——维多利亚时代。

　　维多利亚时期，是英国对外领土扩张最辉煌的时期。英国在全世界范围内建立了庞大的殖民地体系。此时期，英国的经济、文化和科学也不断地发展强大。女王登基时，英国只有几条铁路；她去世时，英国已经拥有一个连接各大城市的发达铁路网。维多利亚时代的英国人逐渐享受到科技进步带来的生活便利。女王去世之前的10年，英国已经实行对所有小孩进行免费教育。

　　女王不仅是治国之才，还是爱妻良母。1840年维多利亚同表哥阿尔伯特亲王结婚，两人伉俪情深。她忠于自己的丈夫，对子女要求严格，成为一代楷模。阿尔伯特亲王42岁英年早逝，维多利亚女王顿觉失去了一切，悲痛之余黑色成为女王余生着装的主色调。她是一个悲伤的寡妇，但同时也是大权在握的君王，这双重身份彼此毫不影响。

　　维多利亚女王性格鲜明，秉性真挚。她忠于职守，具有治国之才；她不仅把时光消磨在工作上，也消磨在为家务操劳上；她忠于自己的丈夫，对子女要求严格，成为一代楷模。她的不懈努力，不仅使英国的文学、艺术、科学昌盛，经济繁荣，英国的生活方式也从那时候开始成为世界各国人民所追逐仿效的对象。

1901年1月,维多利亚女王在怀特岛——她和丈夫生前最喜爱的地方去世,在生命的最后一程她仍在思念。

佛罗伦萨·南丁格尔

人类护理事业的创始人

生卒年:1820—1910
国　籍:英国
出生地:意大利佛罗伦萨
身　份:护士
家　庭:贵族
志　趣:爱护一切生命
性　格:善良悲悯、仁慈博爱

1820年5月12日,南丁格尔出生在父母旅游途中——意大利佛罗伦萨,于是父母就用这座历史悠久的城市的名字为她命名。她的父亲毕业于剑桥大学,博学多才;母亲出身于英国望族,家道富裕。她自幼便受到良好的家庭教育。

小南丁格尔的童年,是在天堂般的环境中度过的。但她自童年起就对护理工作深感兴趣,乡间度假时,她常常跑去看护生病的村民。1853年她到巴黎"慈善事业修女会"参观考察护理组织和设施,归国后开始担任伦敦患病妇女护理会监督。并庄严宣誓:"余谨于上帝及公众前宣誓,愿吾一生纯洁忠诚服务,勿为有损无益之事,勿取服或故用有害之药。当尽予力以增高吾职业之程度,凡服务时所知所闻之个人私事及一切家务均当谨守秘密,予将以忠诚勉助医生行事,并专心致志以注意授予护理者之幸福。"

19世纪50年代,英国,法国,土耳其和俄国进行了克里米亚战争,英国的战地战士死亡率高达42%。南丁格尔主动申请，自愿担任战地护士。她率领一支护理队赶赴战场，以人道、慈善之心为交战双方的伤员服务。一次，她在夜幕降临时提着一盏小油灯，走过4英里远的营区查看伤病员，士兵们深受感动，亲切地称她为"提灯女士""克里米亚的天使"。战争结束后，她被当作民族英雄。

在她的努力下，1857年英国皇家陆军卫生委员会和军医学校成立。1860年她在英国圣托马斯医院建立了世界上第一所正规护士学校，从而成功地把护理工作从"污水般"的社会底层提升到了受人尊敬的地位。晚年因操劳过度，她双目失明。1907年爱德华七世授予她功绩勋章，她成为英国历史上第一个接受这一最高荣誉的妇女。

她无意于婚姻且终身未嫁，这成为母亲对她的遗憾和不满。1910年8月13日，她在睡眠中溘然长逝，享年90岁。遵照她的遗嘱，未举行国葬。

玛丽·居里

举世知名的女科学家

生卒年：1867—1934
国　籍：法国
出生地：波兰华沙市
身　份：物理学家、化学家
家　庭：教师
志　趣：科学研究
性　格：谦虚谨慎、安贫乐道

法国的物理学家、化学家。世界著名科学家，发现镭和钋两种天然放射性元素，一生两度获诺贝尔奖（诺贝尔物理学奖和诺贝尔化学奖）。

1867年11月7日，玛丽出生在波兰华沙市的一个正直爱国的知识分子家庭。父亲是华沙一所中学的数学和物理教师。玛丽从小就勤奋好学，16岁时以金奖毕业于中学，因为当时沙皇俄国统治下的华沙不允许女子上大学，她只身到华沙西北的偏僻乡村做了5年的家庭教师。期间，她以微薄的薪水资助了在巴黎求学的二姐。

1891年，她在父亲和姐姐的帮助下，前往巴黎大学求学。在学校附近一间没有火、没有灯、没有水，只靠屋顶小天窗获取光亮的阁楼里，她苦学3年。她先后以第一名、第二名的成绩毕业于物理系和数学系，获得物理学和数学两个硕士学位。在那里，她成了该校第一名女性讲师。在巴黎，科学之缘将她和彼埃尔·居里吸引到一起。他们两个经常在一起进行放射性物质的研究，以沥青铀矿石为主，因为这种矿石的总放射性比其所含有的铀的放射性还要强。1898年，居里夫妇对这种现象提出了一个逻辑的推断：沥青铀矿石中必定含有某种未知的放射成分，其放射性远远大于铀的放射性。12月26日，居里夫人公布了这种新物质存在的设想。

居里夫妇经过反复实验，共同创造了一个震惊世界的科学成果——他们发现了两种新的化学元素："钋"和"镭"，这使得他们成为1903年诺贝尔物理学奖的得主。但她和丈夫拒绝为他们的任何发现申请专利，为的是让每个人都能自由地利用他们的发现。1906年居里先生因车祸不幸去世，居里夫人承受着巨大的痛苦，决心完成两个人共同的科学志愿。1910年居里夫人完成了《放射性专论》一书，并成功地提取了金属镭。第二年，居里夫人又获得诺贝尔化学奖，成为历史上第一个获得两项诺贝尔奖的人，而且是仅有的两个在不同的领域获得诺贝尔奖的人之一。

居里夫人还是巴黎大学第一位女教授、法国科学院第一位女院士，同时还被聘为其他15个国家的科学院院士。在她的一生中，共接受过7个国家24次奖金和奖章，担任25个国家的104个荣誉职位。但她从不追求名利，一生持守着谦虚谨慎、安贫乐道的品性。因为长期在艰苦的条件下进行放射性元素研究，她的健康受到极大损害，晚年身患多病。1934年7月4日，因白血病逝世。

玛丽·居里的长女伊伦娜，核物理学家，与丈夫约里奥因发现人工放射性物质共同获得诺贝尔化学奖。次女艾利，音乐家、传记作家，其丈夫曾以联合国儿童基金组织总干事的身份接受瑞典国王于1965年授予该组织的诺贝尔和平奖。

罗莎·卢森堡

国际共产主义运动的政治活动家和理论家

生卒年：1870—1919

国　籍：德国

出生地：波兰扎莫布奇

身　份：政治家、社会哲学家、革命家

家　庭：中产阶层

志　趣：读书、社会活动

性　格：热情大胆、活泼开朗

  国际共产主义运动著名政治活动家和理论家，德国社会民主党和第二国际"左"派领袖。

  1870年3月5日，卢森堡出生于波兰一个富有的木材商家庭。她的父母醉心于文化生活，家里充满了崇拜席勒的氛围，这培养了卢森堡的独立精神。

  1887年中学毕业后，卢森堡成为"第二无产阶级党"一个下属小组成员，次年，该党遭到破坏，她流落外地，曾借居在德国社会民主党人卡尔·柳别克家，这对她成为马克思主义者起了很大作用。1890年她考入苏黎世大学社会政治系学习，虽然她对动植物学有着特殊的兴趣，但多灾多难的人类社会使她转到社会科学领域，研究国民经济学。这期间她结识了许多著名的人物，其中就有普列汉诺夫。在校期间，她除了努力学习规定课程外，还刻苦学习马克思、恩格斯著作。1892年成为一名马克思主义者。1893年7月她与约基希斯创办了《工人事业》杂志，第二年3月又创建了波兰王国社会民主党。

  1898年她迁居柏林，积极参加社会民主党的竞选活动，多次在集会上发表演说，表现了杰出才能，成为其领袖人物。其间，她挑起了批判伯恩施坦修正主义的旗帜，写了一系列文章。1898年9月任《萨克森工人报》主编（后辞职），1900年与弗兰茨·梅林共同主办《莱比锡人民报》。她还始终以极大的精力从事波兰王国与立陶宛社会民主党的工作，就策略和战略问题向该党的总委员会提出意见和建议，被认为是该党首屈一指的思想家和理论家。波兰革命期间，她亲自回到华沙参加斗争；被捕获释后，她又在彼得堡会见了列宁，交换关于革命战略和策略方面的意见。一战前，她与李卜克内西一起全力发动群众阻止世界大战爆发。她在哪里演讲，群众就潮涌到哪里。反动派称她为"嗜血的罗莎"，工人称她为"勇敢的女英雄"。此间，她曾多次被捕入狱。

1918年卢森堡和李卜克内西建立了德国共产党。1919年1月，他们组织了大规模示威游行；15日，他们被资产阶级"自卫民团"逮捕，同日遇害，遗体被投入运河，5个月后才浮出水面，她被安葬在柏林弗里德里希墓地。

罗莎·卢森堡是德国社会民主党史上和国际共产主义运动史上杰出的马克思主义思想家、理论家和革命家，她把一生献给了社会主义事业。在反对修正主义、资本主义和帝国主义世界大战的暴风雨中，她始终英勇斗争，不畏强暴，显示了高度的革命乐观主义精神。

海伦·凯勒

黑暗中的光明天使

生卒年：1880—1968
国　籍：美国
出生地：亚拉巴马州
身　份：作家、教育家
家　庭：平民
志　趣：文学
性　格：顽强乐观、慈爱勇敢

19世纪美国盲聋哑女作家和残疾有障碍的教育家，一位创造奇迹的伟大女性。

1880年6月27日，海伦出生于亚拉巴马州北部的塔斯喀姆比亚镇。17个月的时候，一次猩红热夺去了她的视力和听力，接着她又丧失了语言能力。从此，她坠入了一个黑暗而沉寂的世界。然而就在这黑暗而又寂寞的世界里，她并没有放弃，而是自强不息，并在她的导师安妮·莎利雯的努力下，海伦用顽强的毅力克服生理缺陷所造成的精神痛苦。她热爱生活并从中得到知识，学会了读书和说话，并开始和其他人沟通。而且以优异的成绩毕业于美国拉德克利夫学院，成为一个学识渊博的人，掌握英、法、德、拉丁、希腊五种文字的著名作家和教育家。她走遍美国和世界各地，为盲人学校募集资金，把自己的一生献给了盲人福利和教育事业。她赢得了世界各国人民的赞扬，并得到许多国家政府的嘉奖。

1887年，改变海伦一生命运的人——家庭教师安妮·沙利文小姐来到她家里。安妮在小时候眼睛也差点失明，了解失去光明的痛苦。在安妮耐心而有技巧的教导下，小海伦学会了手语和书写，她甚至克服了常人难以想象的困难，夜以继日地刻苦努力，终于奇迹般地学会了说话。安妮为她打开了外面的世界。

海伦从小便自信地说："有朝一日，我要上大学读书!我要去哈佛大学!"1899年，哈佛大学接纳了这个特殊的学生，当她以优异的成绩从哈佛毕业时，已经掌握英语、法语、德语、拉丁语和希腊语5种文字，成为一个学识渊博的作家和教育家。两年后，她被任命为马萨诸塞州盲人委员会主席，开始了为盲人服务的社会工作。

1921年海伦领导成立了美国盲人基金会民间组织，并先后完成了《假如给我三天光明》《我的生活》《我的老师》等14部著作，都产生了世界范围的影响。

1959年联合国发起"海伦·凯勒"世界运动，以资助世界上的盲聋儿童。1964年她获得总统自由勋章。1968年6月1日，89岁的她在睡梦中与世长辞。

卓 娅

反法西斯战争中的"苏联英雄"

生卒年：1923—1941
国　籍：苏联
出生地：苏联
身　份：民族英雄
家　庭：农民
志　趣：保卫祖国
性　格：英勇机智、热爱生活

第二次世界大战时期苏联反法西斯著名女英雄。

1923年9月13日，卓娅出生在苏联一个农民家庭。中学期间，卓娅深受描写国内战争时期女英雄《丹娘·索罗玛哈传略》一书的影响，16岁时加入了苏维埃共青团。

1941年德国法西斯入侵苏联后，卓娅怀着对祖国和人民的热爱，立即加入游击队，后进入特工学校，毕业后，和同志们一起深入敌占区埋地雷、烧敌营，表现机智勇敢。在一次任务中，克卢布科夫被捕叛变，出卖了卓娅，德军搜索了整个村子，还未来得及撤离的卓娅便落入了敌人手中。

卓娅被捕后，遭到德军的残酷蹂躏。德寇为了获得游击队活动的线索，对卓娅进行了种种酷刑和侮辱。第一轮审讯后，赤足和只着单薄衣服的卓娅被带到一户名叫沃洛宁的农人家里，德军第332团的团长留捷列尔中校亲自审问她。这次审讯持续了两个多小时，卓娅在回答有关其同志、其游击队的基地及其领导人的问话时，总是一概说:不，我不知道，我不告诉你，而她称自己叫"丹娘"。恼怒的德军团长下令让士兵们用皮带抽打卓娅，足足抽了有200多下，但她仍一声不吭。随后她被押送到瓦西里·库利克家，这里住着26个德军士兵，对她又是一番彻夜地摧残……在半昏迷状态下卓娅要水喝，德寇却打翻了库利克端给她的水杯，又将点着的煤油灯凑到她脸上去烧她。后来其他德寇去睡了，站岗的哨兵又将她拉到雪地里赤脚走了一个多小时……坚强的卓娅承受住了所有非人的折磨，拒绝回答德寇的问题，没有泄露游击队的任何秘密。敌人恼羞成怒，决定绞死卓娅。

1941年11月29日，卓娅被带上刑场。在刑场，卓娅推开两个架着她的士兵，从容地走向绞刑架，她的周围全是德军官兵，他们还驱赶来了全村的老百姓观看行刑。在牺牲前，面对百姓，卓娅高呼："我们不只是我一个人，我们有两亿人，敌人不能把我们都绞死！人民会给我报仇的！德国鬼子们，你们现在投降还不算晚，最后胜利一定是我们的！""同志们！你们为什么愁苦地看着哇？你们壮起胆子来，奋斗吧，打倒法西斯，放火烧他们，用毒药毒他们吧！"在绞刑架上视死如归的卓娅蔑视地对敌人说："你们现在绞死我，可是我不是一个人，我们是两万万人，两万万人是绞不尽的。"1942年2月16日，卓娅被追授"苏联英雄"的称号。

撒切尔夫人

欧洲历史上第一位女首相，政坛女性的人生楷模

生卒年：1925—2013
国　籍：英国
出生地：肯特郡
身　份：英国前首相
家　庭：商人
志　趣：化学、法律、政治
性　格：雷厉风行、敢于担当

英国首相、保守党领袖，英国历史上第一位女首相，20世纪内欧洲执政时间最长的政府首脑，杰出的女政治家。曾4次访问中国，1984年在北京代表英国政府与中国政府签署了《关于香港问题的联合声明》。

　　撒切尔夫人生于英格兰林肯郡格兰瑟姆市一个商人家庭，取名为玛格丽特·希尔达。父母白手起家，却乐善好施。父亲曾告诫她："一个人无论做什么事都应该有自己的主见，不能因为别人持有不同的意见或得不到别人的支持，就轻易改变自己的信念。"在父母的影响下，她从小就养成了勤俭节约、独立思考的习惯和乐观自信、积极上进的个性。

　　1943年，她进入牛津大学萨默维尔女子学院攻读化学。初入牛津，满口乡音和过于自信的她，曾一度受到同学们的嘲笑。但这些没有熄灭她对人生的执着追求。大学4年，她是一个十分刻苦用功的学生。虽然在专业方面没有什么造诣，但在政治上却有了重大收获。大学毕业时，她从一个默默无闻的小城女孩，成了保守党新秀。牛津大学的4年为她将来冲击权力的巅峰奠定了雄厚的基础。1949年，她结识了实业家丹尼斯·撒切尔，两人结婚后丹尼斯成为她生活中的亲密伴侣和事业上的主心骨。

　　1965—1969年先后任保守党要职。1970年保守党再度执政，任教育和科学大臣。1975年当选保守党领袖。1979年，她领导的保守党在大选中获胜，她成为英国第一位女首相。在连任3届11年的首相生涯中，她政绩卓著，全力改革，推动英国经济腾飞，使这个眼看落寞的老牌资本主义国家跻身于世界前4强。她对国家大事的处理有铁一般的意志和手腕，又有面临灾难临危不惧的魄力，世人称她"铁娘子"。1982年她命令英国海军远征，收回了被阿根廷占领的福克兰群岛，使她在国内外名声大振。她坚持与美国的特殊关系，巩固了英国在世界政治中的强势地位。1984年英国保守党年会期间遭到爆炸事件，撒切尔夫人仍冒着生命危险按预定时间做了演讲。她还创造了英国政治上史上的多个"第一"：她是英国保守党这块被视作"男人领地"里的第一位女领袖；

　　她是英国历史上的第一位女首相；她开创了英国政治历史的先例，三次蝉联首相；她还是英国历史上第一个将其所推行的政策冠以自己名字（"撒切尔主义"和"撒切尔革命"）的首相。1990年11月，因保守党内部政策分歧失去内阁支持，22日宣布退出保守党领袖竞选，并辞去首相职务。次年4月正式去职。

希拉里·克林顿

当代美国政坛的风云人物

生卒年：1947—
国　籍：美国
出生地：芝加哥
身　份：律师、政治家
家　庭：平民
志　趣：政治
性　格：勇敢智慧、理智要强

美国著名律师、政治家，美国第67任国务卿。美国前第一夫人，美国第42届总统比尔·克林顿妻子。

1947年10月26日，希拉里出生在芝加哥的一个富商家庭。她从小就对政治有浓厚兴趣：在尼克松竞选时，她是一名小支持者；民权领袖马丁·路德·金到芝加哥时，她特意跑去见面。

1967年，她进入耶鲁大学法学院，在那里她锻炼了出色的个人能力，也找到了终身伴侣——克林顿。1974年为了爱情她放弃了在华盛顿的事业，前往落后的阿肯色州。婚后她一度埋没自己的个性，全力支持丈夫的政治事业，努力在公众场合做一个讨人喜欢的女人。1993年克林顿入主白宫，她成为美国第一夫人，参与了大量社会活动。他们既是一对朝夕相伴、相依相偎的夫妻，也是一对风雨同舟、患难与共的政治盟友。

2000年她成功当选参议员，成为美国历史上同时也成为纽约州的第一位女性联邦参议员、美国历史上首位成功竞选公职的第一夫人和首位当选为联邦参议员的第一夫人。此后6年，她凭借非凡的政治才能和孜孜不倦的工作，在被称为"老男孩俱乐部"的参议院里站稳了脚跟，赢得了尊重。在参议院期间，她曾是军事委员会、卫生、教育、劳工和退休金委员会、环境和公用事业委员会、预算委员会和老年问题特别委员会委员。她还担任过美国欧洲安全与合作委员会委员。

作为联邦参议员，克林顿超越党派界线，为她的选区及整个国家所重视的议题争取支持，从扩大经济机会和途径，到提供高质量、低收费的医疗服务。在2001年9月11日恐怖主义袭击事件发生后，她积极努力为重建纽约市筹措资金，并非常关心冒着生命危险在事发地点抢险的一线人员的健康问题。她还积极支持国家军方事业，力争让受伤军人、退伍军人以及国民警卫队和后备役人员得到更好的医疗服务和福利待遇。她也是国防部联合部队司令部转型顾问小组中的唯一一位联邦参议员成员。

2006年，她轻松击败对手获得纽约州参议员的连任。2008年，她竞选民主党总统候选人，失败。2009年1月21日，希拉里·罗德姆·克林顿宣誓就任国务卿。

维尔纳·冯·西门子

德国电子业的先驱，创立西门子公司

国　籍：德国
出生地：汉诺威
生卒年：1816—1892

西门子是德国工程学家、企业家、德国电子业的先驱，电动机、发电机、有轨电车和指南针式电报机的发明人，改进过海底电缆，提出平炉炼钢法，革新了炼钢工艺，创立西门子公司。

1816年，西门子生于汉诺威一个农民家庭，在家中14个孩子里排行第4。因为家境贫困，西门子没有念完中学。

1835年，西门子加入了普鲁士军队，在柏林炮兵工程学校接受了专门培训，系统地学习数学、物理、化学和弹道学等方面知识。在受训之后，西门子被晋升为中尉，并埋头于科研工作和技术发明。他制作了一个指针式电报机，这个装置是同类设计中最先进的。

1847年，西门子和机械工程师哈尔斯克依靠自己堂兄的投资，建立了西门子——哈尔斯克电报机制造公司，主要生产西门子发明的指南针式电报机，这个公司也就是后来西门子公司的前身。1848年，公司获得了建设从柏林到法兰克福之间的电报线路合同。此项业务使得这个刚开始只有10个人的小企业迅速地发展起来，从此开始了大发展。到1852年，职工人数已达90多人，国内销售额超过50万马克。1903年，西门子公司合并舒克特公司，组成"西门子—舒克特有限公司"，随后于1927年改组为股份制公司。

1853年，西门子—哈尔斯克开始在俄国建造电报网络，并于两年后结束了工程。网络全长1万公里。公司与俄国政府签订了"长期远程"特别维修合同，并被官方指定为"沙皇俄国电报系统建造与维修承包商"。

1866年，西门子发明了发电机的工作原理，并由西门子公司的一名工程师完成了人类第一台发电机。同年，西门子还发明了第一台直流电动机。西门子研发的这些技术往往马上被产品化投入市场，或者将其应用到新的产品中。例如有轨电车（1881）、无轨电车（1882）、电梯（1880）、电气火车（1879）等都是西门子公司利用其创始人的发明最先投入市场的。

1890年，西门子退休。此前德皇弗里德里希三世授予其贵族称号。西门子的名字也被用来命名电导率的单位。

1892年，西门子在他自传变成铅字的时候离开了人世。

卡内基

美国钢铁大王

国　　籍：苏格兰
出生地：丹弗姆林
生卒年：1835—1919

美国"钢铁大王",著名的慈善家。他建立的钢铁世界,曾经影响着整个美国的金融状况。与同时代的"汽车大王"福特、"石油大王"洛克菲勒齐名。

安德鲁·卡内基出生于苏格兰古都丹弗姆林。

1853年,宾夕法尼亚州铁路公司西部管区主任斯考特看中了有高超的电报技术的卡内基,聘他去当私人电报员兼秘书,每月薪水35美元。在宾夕法尼亚铁路公司的10余年中,卡内基凭着自己的勤奋和机灵,24岁就升任该公司西部管区主任,年薪1500美元,并逐步掌握了现代化大企业的管理技巧。这种技巧是他后来组织庞大的钢铁企业时必不可少的。

1863年卡内基成立了联合制铁公司。当时,美国的钢铁生产经营极为分散,从采矿、炼铁到最终制成铁轨、铁板等成品,中间需经过许多厂家。加上中间商在每个产销环节层层加码,致使最终产品的成本很高。卡内基深知传统钢铁企业的这些弊病,他决心建立一个全新的、囊括整个生产过程的供、产、销一体化的现代钢铁公司。

1890年,卡内基将公司名称变为卡内基钢铁公司,资金增长到2500万美元,他持公司半数以上股份。到了19世纪末20世纪初,卡内基钢铁公司已成为世界上最大的钢铁企业。它拥有2万多员工以及世界上最先进的设备,它的年产量超过了英国全国的钢铁产量,它的年收益额达4000万美元。卡内基是公司的最大股东,但他并不担任董事长、总经理之类的职务。他的成功在很大程度上取决于他任用了一批懂技术、懂管理的人才。

卡内基钢铁公司通过白手起家建立起一个生产钢铁的大型钢铁联合企业，且数十年保持世界最大钢铁厂的地位，几乎垄断了美国钢铁市场。卡内基与洛克菲勒、摩根并立，是当时美国经济界的三大巨头。

"钢铁大王"卡内基让世人为之惊叹的是，他在自己事业的最巅峰，放弃了所有的一切，追求另一种自由、无拘束的生活，并为慈善事业做出了巨大的贡献。纽约著名的卡内基音乐厅是他捐资修建的，匹兹堡的卡内基大学是他建立的，还有遍布在世界各地的"卡内基图书馆"。这就是卡内基，财富对于他而言，不是第一位的，享受人生，为社会做出贡献才是他生命的真谛。

约翰·皮尔庞特·摩根

世界债主，摩根财团创始人

国　籍：美国
出生地：康涅狄格州
生卒年：1837—1913

1837年4月17日，约翰·皮尔庞特·摩根出生在美国康涅狄格州小城一个富有家庭，其祖父和父亲都是成功的商人。

1862年，美国的南北战争已经爆发。一次在和朋友闲聊中，摩根得知，北军伤亡惨重，他顿时联想到，战事不好定会引起金价上涨，于是他和朋友设了个圈套。他们先秘密买下了500万的黄金，把一半汇给当时的金融中心——伦敦时，故意泄露出北军战败的消息，由此引起金价上涨，然后再把手里的一半抛出，这样，他们大赚了一笔。

1864年，摩根成立了达布尼·摩根公司，专门从事债券、商业票据、通货和黄金的买卖。

1879年，摩根涉足承销私人企业发行股票的融资业务，他成功地为范德尔比特承销了纽约中央铁路公司的25万股普通股，从此他赢得了伦敦和美国企业家、金融界的信任和肯定。

1882年2月，摩根在麦迪逊街219号寓所宴请美、英、法等投资企业的代表及全国主要铁路的领导人，达成了铁路联盟，共同提高铁路运费。这次会议被美国史学家称为"历史性的摩根会议"，从此以后，美国铁路界及金融界经营都成为"摩根化"模式，即进入了所谓"美国经营摩根化"时代。

1904年4月1日，在经过了几次交谈之后，卡内基决定把自己的产业以时价1.5倍的价格卖给摩根。这次交易"以5亿美元以上达成协议"。合并后的U·S·钢铁正式宣告成立，举行了盛大的新闻发布会，宣布了新公司的资金是8.5亿美元。

1913年1月7日，摩根乘船前往开罗。出发前，他悄悄立下了遗嘱："把我埋在哈特福德，葬礼在纽约的圣·乔治教堂举行。不要演说，也不要人给我吊丧，我只希望静静地听黑人歌手亨利·巴雷独唱。"3月31日，摩根逝世。

从1861年创立摩根商行，经过半个世纪的努力，摩根创建了一个庞大的帝国。摩根家族包括银行家信托公司、保证信托公司、第一国家银行，总资产34亿美元。摩根同盟总资本约48亿美元，由国家城市银行、契约国家银行组成。摩根同盟与摩根家族被总称为摩根联盟。摩根联盟中，以摩根公司为轴进行董事部连锁领导，大金融资本与超过20万的主力金融机构互相联结，这样就构成了结构庞大、组织严密的"摩根体系"。到1929年世界经济危机之前，摩根体系已经拥有780亿美元的总资本，相当于全美所有资本的四分之一，167名摩根董事控制着整个摩根体系，贯彻着摩根从华尔街发出的指令。摩根是名副其实的华尔街神经中枢。

洛克菲勒

垄断美国石油市场的巨头

国　　籍：美国

出生地：纽约州
生卒年：1839—1937

美国实业家、美孚石油公司创办人，垄断美国经济的财阀。

1839年7月8日，约翰·洛克菲勒出生于纽约州哈得逊河畔的一个小镇。幼年时，曾将别人送他的一对火鸡精心喂养成群，挑好的在集市上出售。12岁时积蓄了50美元，他把钱借给邻居，收取本息。16岁那年，在克利夫兰商业学校毕业后，洛克菲勒决定到商界谋生。为了寻找工作，他在克利夫兰的街上跑了几个星期。9月26日，他在一家经营谷物的商行当上了会计办事员。从此，这个日子就成了他个人日历中的喜庆纪念日，他把它作为第二个生日来庆祝。

1858年，洛克菲勒辞掉工作，向父亲借了1000美元，与克拉克合伙成立了"克拉克·洛克菲勒经纪公司"，把美国西部的谷物、肉类出售到欧洲。23岁时，他到了钻出美国第一口油井的石油城，经实地考察，决定从事风险不大、不会亏本的炼油业。第二年与他人合资7万美元在克利夫兰建立了一家大炼油厂，采用可提炼出优质油的新技术，把竞争者远远抛在后面，获利100％。

1870年1月，他把两座炼油厂和石油输出商行合并，创建了一家资本额为100万美元的新公司——俄亥俄美孚石油公司。当时他年仅30岁。科学的管理、精细的经营、高质量的产品为美孚石油公司赢得了声誉，也具备了坚实的竞争能力。此后不到两年的时间，他就吞并了该地区20多家炼油厂，控制该州90％炼油业、全部主要输油管及宾夕法尼亚铁路的全部油车。又接管新泽西一铁路公司的终点设施，迫使纽约、匹兹堡、费城的石油资本家纷纷拜倒在其脚下。接着，为控制全国石油工业，他操纵纽约中央铁路公司和伊利公司同宾夕法尼亚公司开展铁路运费方面的竞争。

1882年1月20日，洛克菲勒召开"美孚石油公司"股东大会，组成9人的"受托委员会"，掌管所有美孚石油公司的股票和附属公司的股票。洛克菲勒理所当然地成为该委员会的委员长。随后，受托委员会发行了70万张信托证书，仅洛克菲勒等4人就拥有46万多张，占总数的三分之二。就这样，洛克菲勒如愿以偿地创建了一个史无前例的联合企业——托拉斯。洛克菲勒合并了40多家厂商，垄断了全国80%的炼油工业和90%的油管生意。后来，洛克菲勒财团又形成由花旗银行、大通——曼哈顿银行等4家大银行和3家保险公司组成的金融核心机构，这7大企业控制全国银行资产的12%和全国保险业资产的26%，洛氏家族通过它们影响工业企业决策。

1896年，洛克菲勒离开了美孚石油公司总部——纽约百老汇路26号。在退休后的41年里，他把主要精力放在慈善事业上。1937年5月23日，洛克菲勒去世，享年98岁。

卡尔·本茨

现代汽车工业的先驱，汽车之父

国　　籍：德国
出生地：不详
生卒年：1844—1929

现代汽车工业的先驱者之一，人称"汽车之父"。

1844年，本茨以遗腹子的身份出生于德国，父亲原是一位火车司机，但在他出世前的1843年因发生事故去世了。

1860年，本茨进入卡尔斯鲁厄综合科技学校学习。在这所学校，他较为系统地学习了机械构造、机械原理、发动机制造、机械制造经济核算等课程，为他日后的发展打下了良好基础。

1872年，在经历过学徒工、服兵役、娶妻生子等人生经历后，本茨组建了"奔驰铁器铸造公司和机械工厂"，专门生产建筑材料。由于当时建筑业不景气，本茨工厂经营困难，面临倒闭危险，为了摆脱困境，他决定以制造发动机获取高额利润。

1879年12月31日，他制造出第一台单缸煤气发动机（转速为200转/分，功率约为0.7千瓦）。不过，这台发动机并没有使奔驰摆脱经济困境，他依然面临着破产的危险，生活十分艰苦。但是，清贫的生活并没有改变本茨投身发动机研究的决心，经过多年努力，他终于研制成单缸汽油发动机，并将其安装在自己设计的三轮车架上。取得了世界上第一个"汽车制造专利权"。

1893年，本茨研制成功了性能先进的"维克托得亚"牌汽车。它采用本茨专利的3升发动机，方向盘安装在汽车中部。该车性能先进，但价格高达3875马克，因而很少有人买得起，成为滞销品。

1894年，本茨听从了商人的建议，开发生产便宜的"自行车"。这种"自行车"销路很好，在一年时间内就销出了125辆。由于是世界上第一种批量生产的机动车，因而给奔驰带来了较高的利润。后来，奔驰又对前期生产的"维克托得亚"牌汽车进行改进，将车厢座位设计成面对面的18个，它因此成为世界上第一辆公共汽车。1926年，奔驰公司与戴姆勒公司合并，建立"戴姆勒·奔驰汽车公司"，总部设在斯图加特。在发明汽车的过程中，卡尔·本茨的勇气令人十分钦佩：首先，他甘心清苦，埋头于自己的发明工作。其次，他果敢地摒弃了在技术上已十分成熟的蒸汽机而选用了自己并不被人看好的内燃机作动力，反映了他在观念上的巨大转变。再次，他既能开发生产反映汽车技术最高水平的"高档车"，又能及时调整产品结构，组织生产适销对路的"普通车"，为公司赢得可观的利润，他既有工程师的基本素质，又有企业家的经营技巧。1929年春，卡尔·本茨去世，享年85岁。许多人开着汽车来到他的家门前，吊唁这位汽车工业的伟人。

皮埃尔·杜邦

军火家族的财富创造者，世界上最大的化学工业帝国国王

国　籍：美国
出生地：威明顿
生卒年：1870—1954

1870年，第五代的皮埃尔·杜邦诞生。他和带领全家13口人乘帆船来美国的先祖同名同姓。皮埃尔·杜邦自幼聪明好学，以优异成绩毕业于麻省理工学院。毕业后9年间，他一直致力于化学研究，获得了两项无烟火药专利。

1902年，杜邦当上总裁。杜邦总公司移入威明顿，落脚在一座8层楼的大厦中。在7月的美国独立纪念日中，杜邦公司举办了一场规模宏大的庆祝会，会场高朋满座，家族亲友连同900名公司员工，共计有3000多人，在夜晚的特拉华河畔欢聚，人们饮着香槟酒，翩翩起舞，还欣赏了焰火表演。

1914年，一战爆发。杜邦公司的火药供不应求。为了扩大生产规模，杜邦向华尔街大阔佬摩根贷款1400万美元。贷款之前，杜邦反复琢磨过，年息是6%，而且要拿公司股票作抵押，到时候假如还不起，公司就要落入摩根的把握之中了。但他分析，美国迟早会介入欧洲战争，对火药的需求将猛增，到那时，杜邦公司将攫取巨大的利润！

1938年9月21日，全美国的报纸都用大量篇幅，报道了杜邦公司"尼龙"的出现。由卡罗萨斯博士8年前开始研制的成果，终于从实验室走向了市场。尼龙不负众望，大受欢迎，出尽了风头，连人造丝和人造纤维也被它取而代之。杜邦公司先让公司内的女秘书们试穿尼龙丝袜，然后投放市场。尼龙刚一上市，全美国各地女性看到广告后，便涌进百货公司及零售店，销售盛况空前。

1945年8月6日，杜邦公司制造的铀235原子弹投在了日本广岛；同年8月9日，美国人又在日本长崎投下了钚239原子弹。第二次世界大战后，杜邦家族渗透到了美国政界。朝鲜战争时期杜鲁门总统的国务卿艾奇逊原就是杜邦的法律顾问；当时的司法部长克拉克，是杜邦的心腹；国防部长詹森也是杜邦的人。就连中央情报局长达列也曾在杜邦直属的联合水果公司任董事长。

至今全美50个州，无不受到杜邦家族的影响。杜邦复合企业大集团，其势力范围的分布，如同美国资本主义经济发展史的缩影。杜邦集团下属的企业，包括工业、铁路、石油、航空、银行、波音飞机制造、可口可乐、保险、军工、化学、食品、电视、电脑……几乎渗透到全美和全世界国民经济的每个领域。它是控制美国的十大财阀之一。

1954年4月5日,为杜邦帝国起着承前启后作用的皮埃尔·杜邦与世长辞,享年85岁。

康拉德·希尔顿

美国旅店大王,全球希尔顿饭店的主人

国　籍:美国
出生地:新墨西哥州
生卒年:1887—1979

精力充沛而能干的实业家,世界酒店大王创建的希尔顿酒店,已遍布全球,除南极之外,几乎各地都有。

1887年圣诞节那一天,希尔顿出生在新墨西哥州一个荒凉小镇上,他是家里的第二个孩子。但是圣诞老人似乎并没有给希尔顿和他的家庭带来特别好的运气,父亲起早贪黑,整天东奔西跑,为养家糊口、积攒家业而疯狂地工作着。母亲担当起繁重的家务,为把8个子女抚养成人,白发过早地爬上了她的额头。

最初的梦想是当银行家1913年9月,26岁的希尔顿把这项计划付诸实施。他四处奔走,好不容易筹集到组建银行所需的3万美元。这家圣·安东尼奥银行,在希尔顿的经营下,业务进展很快,两年后银行资金已达13.5万美元。

1917年,希尔顿应征入伍。军旅生涯使希尔顿的眼界更为开阔了,但父亲的去世是对他最大的打击。

希尔顿决定走出家乡,创立自己的事业。这一年,他已经32岁。希尔顿开始涉足酒店业时,手头只有5000美元。"我如何创业?"希尔顿向母亲请教。这是一位伟大的母亲,她严肃而又坚定地告诫儿子:"你必须找到你自己的世界。与你父亲一起创业的老友曾经说过:'要放大船,必须先找到水深的地方'。"

1919年，希尔顿以4万美元买下莫布利旅馆，干起了旅馆业。他立刻给母亲打电报报喜："新世界已经找到，锡斯科可谓水深港阔，第一艘大船已在此下水。"随着莫布利酒店的经营成功，雄心勃勃的希尔顿又与人合伙买下了华斯缚的梅尔巴酒店、达拉斯的华尔道夫酒店。希尔顿的酒店业开始蒸蒸日上。但他并不满足，他决定要建造自己的新酒店。

1925年8月4日，"达拉斯希尔顿大饭店"终于落成，举行了隆重的揭幕典礼。1946年5月，希尔顿成立了他的希尔顿旅馆公司。翌年，该公司在纽约证券交易所上市，成为有史以来首家正式上市的旅馆企业。

1954年10月，希尔顿再接再厉，用1.1亿美元的巨资买下了有"世界旅馆皇帝"美称的"斯塔特拉旅馆系列"，这是一个拥有10家一流饭店的连锁旅馆。这笔交易是旅馆业历史上最大的一次兼并，也是当时世界上耗资最大的一宗不动产买卖！

1979年希尔顿病逝于加州圣摩尼卡。

希尔顿实现了独霸旅馆业的美梦，将他的旅馆王国扩展到世界各地，成为名副其实的世界旅馆之王！

阿曼德·哈默

美苏贸易代理人，西方石油公司创始人

国　籍：美国
出生地：纽约
生卒年：1898—1990

美苏贸易代理人，西方石油公司创办人，企业家和艺术品收藏家。他的一生对苏联、利比亚、秘鲁等国和本土的加利福尼亚、佛罗里达等州的经济有着巨大影响。

1898年5月21日，阿曼德·哈默出生于美国纽约曼哈顿区。16岁的哈默在读高中时就开始了他一生中第一笔巨额生意，他用从哥哥那借来的钱买了辆旧敞篷车，在圣诞节期间为某公司运送糖果，在两个星期内他便还清借款，除拥有了那辆车还有剩余的钱。1917年，哈默就学哥伦比亚大学医学院。就读时期，为拯救父亲投资的古德制药厂出现的危机，哈默一边上学一边接管这个制药厂，经过改革药品包装和交货方式，使古德制药厂不但渡过了难关，而且规模日益壮大，年轻的大学生哈默也很快成了百万富翁。

1920年，哈默经过艰难的旅程，终于来到苏联。战后的苏联百废待兴，哈默在乌拉尔地区考察时，看到了令人辛酸的饥荒、疾病和死亡，也看到了巨大的市场，多少矿产亟待开采，多少珍宝亟待出售，但由于出口贸易的道路不畅，人们只能守着宝山挨饿。哈默火速给哥哥发去电报，让他在美国购买100万美元的小麦运往苏联的列宁格勒港，以易货方式换取100万美元当地产的毛皮和矿产。

1930年，哈默回到美国，这是他一生中最为活跃的日子，他得心应手，点石成金，涉及了许多领域，赚得了巨额财富。

1955年，世界范围内的能源危机日趋严重。哈默喜出望外，抓紧时机购买了大量的西方石油公司股票，成为西方石油公司的最大股东，从此他又全身心地投入石油事业。

1961年，凭着自己多年的经验，哈默冒着巨大的风险，开始建立一个石油王国。终于在加利福尼亚钻探到两个巨大的天然气田。西方石油公司的股票价格一跃上升到每股15元，公司的实力也足以与那些世界上较大的石油公司分庭抗礼了。

1974年，他的西方石油公司年收入为60亿美元。到1982年，西方石油公司已成为全美第12个大工业企业，成为紧挨着"七姊妹"的世界第8个最大的石油公司！

1990年11月12日，阿曼德·哈默这本精彩纷呈的书终于合上了最后一页，这位百战百胜的"经营之神"、走遍世界各地的公民因病逝世，享年92岁。

这位亿万富翁的一生极富传奇色彩。他曾经涉足过很多完全不同的领域，如铅笔制造、酿酒、养殖良种牛，每个行业都取得令人瞩目的成功，直至最终投身石油业，成为主宰世界石油业的几大巨擘之一。哈默的辉煌成就绝非偶然，他丰富的人生经历是一个信念坚定、勇于冒险、不断开拓、独具商机慧眼的人的生动写照。

盛田昭夫

日本索尼公司创始人

国　籍：日本
出生地：爱知县
生卒年：1921—1999

日本著名企业家，日本索尼公司的创始人，是日本战后协助国家从废墟中重新站起来的重要企业家之一，日本公司国际化的先驱。

1921年1月26日，盛田昭夫出生于日本爱知县的一个酿酒世家。盛田家族是日本最古老、最有名望的从事酿酒业的家族，其生产的名牌米酒"年节松"已有300多年的历史。作为家中长子，盛田昭夫会是家中既定的继承人。

1944年大学毕业后，盛田被征召入伍。他认识了日本精密仪器会社的总工程师井深大先生，两人由此建立了长达40年的合伙关系。1946年，盛田昭夫与井深大共同创建了索尼公司的前身——东京通信工业公司。索尼公司刚刚成立时叫作"东京通信工业股份有限公司"，后来为了便于大众认识，读起来响亮好记，改为"索尼"公司。

1957年，索尼公司生产出世界上第一台袖珍式晶体管收音机。在广告中，他们强调这种收音机小到可以放在衬衫口袋里。实际上，这种当时世界上最小的收音机还是比标准的男衬衣口袋大一点。为此，盛田要求公司所有推销员都穿上特制的衬衫，口袋比普通衬衣的大一点，刚好可以放下这种收音机。

1958年1月，索尼公司的股票在东京证券交易所上市。这时，日本和美国的众商家们才恍然大悟，但市场已经被索尼先占了！

索尼成功的创造市场，永远领导新潮流之道不仅仅在于只是夺得市场，更在于善于创造市场，索尼却敢于创造需求，使需求随着索尼的新品而出现，随着它发展而增加。不断开发新产品，以新制胜。索尼不惜投入，多年来，盛田昭夫领导下的索尼公司每年保持6%的开支用于研究发展新产品，有些年多达10%。盛田昭夫说："我们的计划是用产品领导潮流，而不是问需要哪一种产品。"索尼公司就是要生产某些市场上从未销售过的产品——实际上是未制造出的产品。据统计，索尼公司平均每日推出4种新产品，每年推出1000种，其中800种是平均每日推出4种新产品的改进型，其余完全是新创的。索尼公司推出的新产品是全世界效率最高的。索尼公司常常是独占市场一年或一年多以后，其他的公司才会相信该种产品会成功，于是其他品牌的同类产品也随着上市了，这期间索尼公司已赚了大把的钱，并且又有了新的创新、新的产品问世，又会以新产品重新占领了市场。从1955年到1965年10年间，索尼公司生产出领先于世界的半导体收音机、录音、晶体收音机和固态电路的家用电视机，使索尼公司获得了先驱者的名声。从1965年到1975年10年间索尼公司又把彩色电视机等划时代的新产品不断推向市场，使其业务蒸蒸日上。

1975年，索尼推出了"贝塔玛斯"家用录像机。1982年9月，盛田昭夫在股东非常大会上正式宣布任命大贺典雄为公司新任总裁。

1999年10月3日，日本索尼公司的创始人、名誉董事长盛田昭夫因肺炎医治无效病逝，享年78岁。

皮尔·卡丹

从设计师到著名品牌的缔造者

国　籍：意大利
出生地：威尼斯
生卒年：1922—2020

世界级服装设计大师、商业巨头。皮尔·卡丹几乎是从一无所有到世界顶级服装设计大师，他让高档时装走下高贵的T型台，让服装艺术直接服务于老百姓。卡丹的商业帝国遍布世界各地。同时他又是一个畜生我的社会活动家，他完成了许多职业外交家所无法完成的功绩，为世界各国人民的相互了解和和解做出了巨大的贡献，他在欧亚大陆之间架起了友谊的桥梁。

1922年，皮尔·卡丹出生于意大利的威尼斯近郊。1934年，勉强小学毕业的卡丹来到小裁缝店当学徒，从此，他迈出了服装设计的第一步。他经常跑到舞台后去观察演员们绚丽的衣着，仔细揣摩各种造型，让自己的技艺和鉴赏力不断提高。

1945年，皮尔·卡丹来到"帕坎"时装店搞设计。当时，许多著名演员都在这家店定做服装，这给了他一个得以崭露头角的机会。在皮尔·卡丹成长的过程中，法国现代派作家让·郭都和画家克里斯蒂昂·贝腊的美学思想给了他深刻的影响。他把这些应用到自己的服装上，为自己赢来了许多订单。

1954年，他的第一家时装店正式开张了，地点在圣君子旧郊大街。在这里，他不断创新，制造出更多令人震惊的新闻。

1960年，卡丹开设了两家很出名的时装零售部："亚当"专营男装；"夏娃"专营高级女装。他的顾客包括前伊朗皇后、法国总统夫人及英国的温莎夫人等。

1981年，皮尔·卡丹买下了"马克希姆饭店"，他不仅是要把它作为法国烹调业的一个光辉标志珍藏起来，更主要的是以这个商标经营各种食品，包括饼干、糖果、沙丁鱼、果酱、香槟酒以及各种罐头，按照他的说法，他要把法国式的烹调和时装结合起来，体现法兰西文明的魅力。

1992年，作为唯一的服装设计师入选精英荟萃的法兰西学院，成为终身院士，不仅如此，他还建立了以服装、餐饮、家具等几十种产业组成的"卡丹帝国"。现在，在世界五大洲的80多个国家里，有600多家工厂在按照卡丹的设计，制造"卡丹"牌和"马克西姆"牌的各种产品。有5000多家"卡丹"与"马克西姆"专卖店，其年营业额已超过100亿法郎。其总资产估计已超过10亿美元。

皮尔·卡丹不仅是一个高级服装设计师，同时也是一个喜剧推广人，他在法国拥有4个剧院。除了这些工作，他每天还要到自己的时装设计室里工作起码两个小时以上。每天的下午和晚上，卡丹会被各种活动邀请，如观看一些音乐会、话剧等演出。

乔治·索罗斯

全球最大的投资者，"量子基金"创立者

国　　籍：匈牙利
出生地：布达佩斯
生卒年：1930—

全球最大的金融投资者，"量子基金"的创始人，金融大鳄。

1930年，乔治·索罗斯出生在匈牙利布达佩斯一个富裕的犹太家庭。1947年，17岁的索罗斯离开匈牙利，到西方国家寻求发展。

1953年春，索罗斯从伦敦经济学院学成毕业，带着仅有的5000美元，索罗斯来到了纽约，在朋友的介绍下，成了梅叶公司一名专事黄金和股票的套利商。1968年创立"第一老鹰基金"。

1973年，索罗斯和好友罗杰斯创建了索罗斯基金管理公司。同年，埃及和叙利亚大举入侵以色列，以色列由于武器落后而惨败。从这场战争中，索罗斯联想到美国国防部可能会花费巨资用新式武器重新装备军队。于是索罗斯基金开始投资那些掌握大量国防部订货合同的公司股票，这些投资为索罗斯基金带来了巨额利润。1979年，索罗斯将公司更名为量子基金。

1992年量子基金狙击英镑净赚20亿美元，被称为"打垮英格兰银行的人"，1993年登上华尔街百大富豪榜首。1997年狙击泰铢，掀起亚洲金融风暴。 1997年，索罗斯及其他套利基金经理开始大量抛售泰铢，泰国外汇市场立刻波涛汹涌、动荡不宁。泰铢一路下滑，泰国政府动用了300亿美元的外汇储备和150亿美元的国际贷款企图力挽狂澜。但这450亿美元相对于无量级的国际游资来说，犹如杯水车薪，无济于事。索罗斯飓风很快就扫荡到了东南亚大部分国家，使得其货币纷纷大幅贬值，导致东南亚工厂倒闭，银行破产，物价上涨等惨不忍睹的景象。这场扫荡东南亚的索罗斯飓风一举刮去了百亿美元的财富，使这些国家几十年的经济增长化为灰烬。人们开始叫他"金融大鳄"，在一些亚洲人的心中，索罗斯甚至是一个十恶不赦、道德败坏的家伙。

索罗斯的投资策略及理论以"反射理论"和"大起大落理论"为理论基础，在市场转折处进出，利用"羊群效应"逆市主动操控市场进行市场投机，看重的是市场趋势。

"反射理论"，简单说是指投资者与市场之间的一个互动影响。理论依据是人正确认识世界是不可能的，投资者都是持"偏见"进入市场的，而"偏见"正是了解金融市场动力的关键所在。当"流行偏见"只属于小众时，影响力尚小，但不同投资者的偏见在互动中产生群体影响力，将会演变成具主导地位的观念，就是"羊群效应"。

在将要"大起"的市场中投入巨额资本引诱投资者一并狂热买进，从而进一步带动市场价格上扬，直至价格走向疯狂。在市场行情将崩溃之时，率先带头抛售做空，基于市场已在顶峰，脆弱而不堪一击，故任何风吹草动都可以引起恐慌性抛售从而又进一步加剧下跌幅度，直至崩盘。在涨跌的转折处进出赚取投机差价。

索罗斯执行一举制胜的所谓"森林法则"。即：1.耐心等待时机出现；2.专挑弱者攻击；3.进攻时须狠，而且须全力而为；4.若事情不如意料时，保命是第一考虑。

沃伦·巴菲特

投资之神

国　　籍：美国

出生地：奥马哈市

生卒年：1930—

伟大的金融投资家、教育家、慈善家，被称为股神。他倡导的价值投资理论风靡世界。

巴菲特有一套独特的投资理念，即在公司股票价格低于其内在价值时买进，然后静等回升。巴菲特相信自己不是在购买股票，而是持有一部分公司资产，这似乎是对股票原意的回归。巴菲特对"简单的"商业情有独钟，因此他也成功地逃过了2000年泡沫破灭的大劫。沃伦·巴菲特将集中投资的精髓简要地概括为："选择少数几种可以在长期拉锯战中产生高于平均收益的股票，然后将你的大部分资金集中在这些股票上，不管股市短期涨跌，坚持持股，稳中取胜。"

巴菲特出生于美国内华达州的奥马哈市，他出生的时候，正是美国金融危机爆发最严重的时候。巴菲特刚满周岁时，父亲就失业了。贫穷的家境使巴菲特从小就对钱产生了极大的渴望。

1940年，10岁的巴菲特随父亲来到纽约。他被华尔街股票交易所的景象迷住了。一年后，这个少年第一次进行股票投资，以每股38美元的价格买进了一种公用事业股票，不久，这只股票的价格上升到了40美元，巴菲特将股票抛出。首次投资虽然赚得不多，但却给他带来了无比的喜悦。

1947年，巴菲特进入宾夕法尼亚大学沃顿商学院攻读财务和商业管理。在巴菲特没有确定自己的投资体系之前，他和绝大部分投资者一样做技术分析、听内幕消息。这就是真实的巴菲特，他不是一生下来就是个投资天才。

1956年，巴菲特建立了"巴菲特有限公司"，亲朋好友凑了10.5万美元，其中有他的100美元。他正式开始了自己的职业投资生涯。

1966年春，美国股市牛气冲天，但巴菲特却坐立不安，尽管他的股票都在飞涨，但却很难再找到符合他的标准的廉价股票了。虽然股市上风行的投机给投机家带来了横财，但巴菲特却不为所动，因为他认为股票的价格应建立在企业业绩成长而不是投机的基础之上。

1968年，巴菲特公司的股票取得了它历史上最好的成绩：增长了

59%，而道·琼斯指数才增长9%。巴菲特掌管的资金上升至1.04亿美元，其中有2500万美元是属于巴菲特的。

1980年，他用1.2亿美元、以每股10.96美元的单价，买进可口可乐7%的股份。到1985年，可口可乐改变了经营策略，开始抽回资金，投入饮料生产。其股票单价已涨至51.5美元，翻了5倍。至于赚了多少，其数目可以让全世界的投资家咋舌。

1999年末，巴菲特名列顶尖基金经理人榜首，在最受尊重的企业家中，巴菲特名列第六。2001年《福布斯》杂志富豪排行榜，他以323亿美元资产位居第二。2008年巴菲特由于所持股票大涨，身家猛增100亿美元，达到620亿美元，问鼎全球首富。

价值投资并不复杂，巴菲特曾将其归结为三点：把股票看成许多微型的商业单元；把市场波动看作你的朋友而非敌人(利润有时候来自对朋友的愚忠)；购买股票的价格应低于你所能承受的价位。

迈克·戴尔

"戴尔"电脑创始人

国　籍：美国
出生地：休斯敦
生卒年：1965—

美国电脑业巨头，直销行业的领军人物。

1965年，戴尔出生在美国休斯敦，父亲是一位牙医，母亲是一个经纪人，父母希望小迈克尔以后能成为一名医生，在美国，这是最正确不过的选择，也是一条光明大道。12岁时小戴尔就在集邮杂志上登广告做邮票生意，由此赚得了2000美元并用这笔钱购买了他自己的第一台个人电脑。这次经历让戴尔认识到越过中间商做买卖的好处。16岁上中学时，迈克尔找到一份差事——替休斯敦《邮报》拉订户，他设想新婚夫妇是这种报纸的最佳订户，于是雇同学抄录下新领结婚证者的姓名和地址。他将这些资料输入电脑，并向新婚夫妇们寄去一封颇具特色的信，并免费给每对夫妇赠阅两周的《邮报》，结果他大获成功赚了 1.8 万美元并买了一辆宝马汽车。

1983 年，戴尔进入了得克萨斯大学，成了一名医学预科生。但事实上他只对电脑行业感兴趣，很想大干一场。他从当地的电脑零售商那里以低价买来了一些积压过时的 IBM 的 PC 电脑，做起了二手商，并大获成功。

1984 年 1 月 2 日，戴尔凭着 1000 美元的创业资本，注册了"戴尔电脑公司"，经营起个人电脑生意，"戴尔电脑"成为第一家根据顾客个人需求组装电脑的公司，而且不经过批量销售电脑的经销商控制系统，直接接触最终用户。因为只有这样才能让用户使用到切合其需求的产品。通过"直销"这项独特的策略，Dell 公司的业务获得了迅速的增长。

1986 年，戴尔年收入已达 6000 万美元。1987 年 3 月，才 22 岁的戴尔就被美国学院企业家协会评为 1986 年度的"青年企业家"，就此在美国商界脱颖而出。

1987 年 10 月，戴尔依靠他过人的胆量和敏锐的感觉，在股市暴跌的情况下大量吃进高盛的股票，第二年他便获利了 1800 万美元。这一年，他只有 23 岁，他开始向成功迈出了坚实的一步。

1988 年，戴尔的名字受到华尔街关注，Dell 公司在纳斯达克公开上市，融资 3000 万美元，市场价值达到 8500 万美元。

1989 年，戴尔收入高达 2.5 亿美元。随着全球的销售形势越来越好，他又分别在法国、瑞士、爱尔兰及其他一些欧洲国家开设了分公司及办事处，并于 1991 年 3 月在爱尔兰成立了欧洲制造中心。进入 90 年代，Dell 的发展如同脱缰野马，收入平均年增 97%，净利更是达到 166%。

1997 年，32 岁的迈克尔·戴尔在就成为得克萨斯州的首富，拥有 43 亿美元的净资产。《财富》杂志将迈克尔·戴尔评为美国四十岁以下最富有的人。据《财富》杂志称，迈克尔·戴尔的个人净资产高达 214.9 亿美元，"足够为每一位美国中学生购买一台电脑"。

达·芬奇

著名艺术家，被恩格斯称为"巨人中的巨人"

生卒年：1452—1519
国　籍：意大利
出生地：佛罗伦萨
身　份：画家
志　趣：绘画

意大利文艺复兴三杰之一，艺术、科学巨匠，是整个欧洲文艺复兴时期最完美的代表。他是一位思想深邃，学识渊博，多才多艺的画家、寓言家、雕塑家、发明家、哲学家、音乐家、医学家、生物学家、地理学家、建筑工程师和军事工程师。

莱奥纳多·达·芬奇出生在佛罗伦萨芬奇镇的一个公证人家庭。他是私生子，5岁时生母被父亲抛弃，他跟随祖父在乡下生活。14岁时被父亲送到佛罗伦萨著名艺术家委罗基奥工作室学习。委罗基奥是一位用数学、透视法和解剖学等应用科学的方法从事艺术探索和实践的艺术家，对达·芬奇的艺术道路具有重要影响。

1472年，20岁的达·芬奇的名字已经出现在佛罗伦萨画家行会的名单上了。这以后，他的绘画风格逐渐成熟，《受胎告知》《基督受洗》《博士来朝》《持花圣母》等许多作品巩固了他在绘画领域的地位。由于反对美第奇家族的统治，1482年，30岁的达·芬奇离开佛罗伦萨，投奔米兰大公，并为他工作了17年。在此期间，他创作了《岩间圣母》《最后的晚餐》《施洗约翰》等作品。

1500年，达·芬奇回到佛罗伦萨。在那里，他花费4年时间创作了名画《蒙娜丽莎》，完成后他一直舍不得把它交给任何人，晚年移居法国时也带在身边，最后遗存在卢浮宫。这幅画成为了法国人民的骄傲。

运用明暗法创造平面形象的立体感是达·芬奇独特的艺术语言，他曾说过："绘画的最大奇迹，就是使平的画面呈现出凹凸感。"达·芬奇根据圆球体受光变化的原理，首创明暗转移法(亦称明暗渐进法)，即在形象上由明到暗的过渡是连续的，没有截然的分界，《蒙娜丽莎》即是这种画法的典范之作。画中人物兼有理性的原则和高度的诗意、崇高的精神和生动的肉体，正是文艺复兴时期完美人物形象的代表。

达·芬奇反对经院哲学家们把过去的教义和言论作为知识基础，他鼓励人们向大自然学习，到自然界中寻求知识和真理。他认为知识起源于实践，只有从实践出发，通过实践去探索科学的奥秘。达·芬奇对传统的"地球中心说"持否定的观点。重新发现了液体压力的概念，提出了连通器原理。达·芬奇在生理解剖学上也取得了巨大的成就，被认为是近代生理解剖学的始祖。在建筑方面，达·芬奇也表现出了卓越的才华。他设计过桥梁、教堂、城市街道和城市建筑。达·芬奇的研究和发明还涉及了军事领域。他发明了簧轮枪、子母弹、三管大炮、坦克车、浮动雪鞋、潜水服及潜水艇、双层船壳战舰、滑翔机、扑翼飞机和直升机、旋转浮桥，等等。达·芬奇对水利学的研究比意大利的学者克斯铁列早一个世纪。为了排除泥沙，他作了疏通亚诺河的施工计划。达·芬奇长达1万多页的手稿(现存约6000多页)至今仍在影响科学研究，被称为一部15世纪科学技术真正的百科全书。

米开朗琪罗

意大利文艺复兴时期最伟大的艺术巨匠之一

生卒年：1475—1564

国　籍：意大利

出生地：卡普莱斯

身　份：绘画家、雕塑家、建筑师

志　趣：绘画、雕塑、诗歌

意大利文艺复兴时期伟大的绘画家、雕塑家和建筑师，文艺复兴时期雕塑艺术最高峰的代表。

米开朗琪罗·博那罗蒂出生在佛罗伦萨附近的卡普莱斯，父亲是奎奇市和卡普莱斯市的自治市长。13岁进入佛罗伦萨画家基尔兰达约的工作室学习，后转入圣马可修道院的美第奇学院做学徒。

1496年，米开朗琪罗来到罗马，创作了《酒神巴库斯》《哀悼基督》等名作。1501年，他回到佛罗伦萨，用4年时间完成了举世闻名的《大卫》。《大卫》云石雕像，像高2.5米，连基座高5.5米，现收藏于佛罗伦萨美术学院。《大卫》是米开朗琪罗寻找自己的理想，创造英雄形象的代表作品。大卫体格雄伟健美，神态勇敢坚强，身体、脸部和肌肉紧张而饱满，体现着外在的和内在的全部理想化的男性美。这位少年英雄怒目直视着前方，表情中充满了全神贯注的紧张情绪和坚强的意志，身体中积蓄的伟大力量似乎随时可以爆发出来。

1505年在罗马，他奉教皇尤里乌斯二世之命为其建造陵墓，1506年停工后回到佛罗伦萨。1508年，又奉命来到罗马，完成了著名的西斯廷教堂天顶壁画。1513年，教皇陵墓恢复施工，他创作了著名的《摩西》《被缚的奴隶》和《垂死的奴隶》。

1519—1534年，米开朗琪罗在佛罗伦萨创作了生平最伟大的作品——圣洛伦佐教堂里的美第奇家族陵墓群雕。著名的《昼》《夜》《晨》《暮》四座雕像就安放在陵墓的石棺上。陵墓还有一座雕像，表现的正是洛伦佐·美第奇的神情：英俊的面容、华美的衣饰衬着深沉的忧思。及时行乐的放纵与精明睿智的沉思并存，或许，这就是艺术家对他第一位保护人的理解吧。

1536年，米开朗琪罗回到罗马西斯廷教堂，用了6年时间完成了伟大的教堂壁画《最后的审判》。此后，他一直生活在罗马，从事雕刻、建筑和少量的绘画工作。1564年2月18日，米开朗琪罗在自己的工作室中与世长辞。

米开朗琪罗代表了欧洲文艺复兴时期雕塑艺术的最高峰。他在艺术作品中倾注了自己满腔悲剧性的激情，所创作的人物雕像雄伟健壮，气魄宏大，充满了无穷的力量。他的艺术创作受到人文主义思想和宗教改革运动的深刻影响，常常以现实主义和浪漫主义相结合的手法，表现当时市民阶层的爱国主义和为自由而斗争的精神面貌。

米开朗琪罗的艺术不同于达·芬奇的充满科学的精神和哲理的思考，而是在艺术作品中倾注了自己满腔悲剧性的激情。这种悲剧性是以宏伟壮丽的形式表现出来的，他所塑造的英雄既是理想的象征又是现实的反应。这些都使他的艺术创作成为西方美术史上一座难以逾越的高峰。

大 卫

法国新古典主义绘画风格的杰出代表

生卒年：1748—1825

国　籍：法国

出生地：巴黎

身　份：画家

志　趣：绘画

法国新古典主义绘画风格的杰出代表，法国拿破仑政权的首席画家。他是新古典主义的推动者与实践者，更主导当时许多艺术政策的制定，颇具影响力。

雅克·路易·大卫出生在巴黎一个五金商人家庭，10岁时父亲过世，由叔父抚养。酷爱绘画的他被送到布歇那里学习绘画，布歇发现他的气质与自己的洛可可风格不一致，就将他推荐到皇家美术学院维恩教授门下。大卫毕业时的作品获得了罗马大奖而奔赴意大利游学，在那里，米开朗琪罗和拉斐尔的画作对他产生了深远影响，他沉浸在对古典美术的探索与追求之中。

大卫是法国新古典主义绘画风格的杰出代表，也是位见证拿破仑辉煌时代的宫廷画家。他最初创作是从古希腊罗马神话传说中寻求艺术源泉和审美理想，把古代英雄的品德和艺术样式作为最高审美标准，因创作《荷加斯兄弟的宣誓》和《处决亲子的布鲁斯特》而在画坛声名鹊起。《荷加斯兄弟的宣誓》**被**认为是他扭转奢靡的洛可可画风的一次惊人实验,是新古典主义绘画出场的第一声呐喊,在西方绘画史上具有里程碑意义。

1789年**法国大革命爆发**,大卫积极投身革命,被选入国民公会,加入雅各宾党。**他的创作直接转向描绘现实题材,创作了一批富有时代精神的作品,具有鲜明的政治倾向性**。这一时期也是他艺术生涯中最光辉的岁月,《马拉之死》成为纪念碑式的现实主义历史画名作。

1794年,**拿破仑**发动政变后,雅各宾派政权被推翻,大卫被捕入狱,出狱后国家发生的变化令他触目惊心。1799年,他成为拿破仑的首席宫廷画师。这一时**期他创作了许多反映拿破仑英雄业绩和形象的作品,如《跨越阿尔卑斯山的拿破仑》《拿破仑一世的加冕典礼》等**。那些画作精雕细琢,将人们带入拿破仑时代的历史与生活之中。在滑铁卢之役后,拿破仑的势力瓦解,**波旁**王朝复辟后,大卫因曾经对处死路易十六投赞成票而被**驱逐出境,移居比利时的布鲁塞尔**,最终客死异乡。

大卫的绘画,融合了各种不同的风格,从年轻时严肃的新古典主义,到拿破仑时代转而采用威尼斯派的色彩及光线,然而在他当时以及稍后古典主题的作品中,所表现出来那种对素描及刻板的古物研究的重视,与威尼斯派的风格,是截然不同的。他画的肖像画,构图极佳,而且非常写实。他不仅是一位伟大的画师,还是一位杰出的教师,培养出一批优秀的画家,如安格尔、杰拉、葛罗、吉洛第等。

莫扎特

"音乐神童",与海顿、贝多芬并称为古典乐派三大作曲家

生卒年:1756——1791
国　籍:奥地利
出生地:萨尔兹堡
身　份:作曲家
志　趣:作曲

奥地利作曲家，欧洲最伟大的古典主义音乐作曲家之一。他与格鲁克(Gluck)、瓦格纳(Wagner)和威尔第(Verdi)一样，是欧洲歌剧史上四大巨子之一。他又与海顿、贝多芬一起为欧洲交响乐写下了光辉的一页。他的《安魂曲》也成为宗教音乐中难能可贵的一部杰作。

沃尔夫冈·莫扎特被称为"音乐神童"，出生于奥地利的萨尔斯堡一个宫廷乐师之家。他自幼便显现出非凡的音乐天赋：3岁开始弹琴，6岁开始作曲，8岁写下第一部交响乐，11岁完成第一部歌剧，14岁时指挥乐队演出该歌剧。

1772年，16岁的莫扎特被任命为萨尔兹堡宫廷的管风琴师，并创作了大量优秀作品。但他无法忍受萨尔兹堡大主教的颐指气使，终于在1781年毅然向大主教提出辞职，到维也纳谋生，成为奥地利历史上第一个有勇气摆脱宫廷和教会束缚、维护个人尊严的作曲家。

维也纳的十年，也是莫扎特创作中最重要的十年。他靠教私人学生、举行音乐会演出和出版作品为生。1782年，在没有征得父亲同意的情况下，莫扎特同一位音乐家的女儿结婚，度过了他生活困窘却是夫妻和睦的最后岁月。1791年12月5日，莫扎特因感染风寒去世，年仅35岁。

莫扎特的主要创作领域是歌剧，他的歌剧既有舞台效果又旋律性强，人物的个性也得到充分展现，具有强烈的艺术感染力，以《费加罗的婚礼》《唐璜》和《魔笛》最为杰出。其中，《魔笛》是莫扎特在德国及奥地利歌唱剧和神话剧的基础上，发展德国民族童话歌剧的代表作，它标志着18世纪德奥小歌剧发展告一段落，并为德国浪漫主义歌剧的产生奠定了基础，成为后者的先驱。

交响曲也是莫扎特创作中的重要部分，最有代表性的是他最后三部作品，即降E大调、g小调和C大调交响曲。其中《降E大调第三十九交响曲》明朗愉快、充满诗意；《g小调第四十交响曲》富有戏剧性，有海顿式的乐观主义情绪，但在技法上又完全不同，被称为莫扎特的"英雄"交响曲；《C大调第四十一交响曲》（通常被称为《朱彼特》）宏伟豪迈、乐观向上，预示了贝多芬的英雄交响曲的出现。莫扎特还创作了协奏曲、钢琴曲、室内乐四重奏等多部作品。他的音乐结构紧凑，风格明朗，配器注重音色效果，对后世音乐创作具有重要贡献。

作为18世纪末时的欧洲作曲家，莫扎特的音乐深刻地反映了这个时代的精神，尤其是体现在歌剧作品中的市民阶层的思想，无疑在当时具有进步的意义。莫扎特赋予音乐以歌唱优美欢乐性，然而，其中又深合着悲伤，这正反映了莫扎特时代知识分子的命运。并且，莫扎特是欧洲当时唯一一个不接受贵族供养的音乐家。

贝多芬

世界音乐史上最伟大的音乐家，被尊为"乐圣"

生卒年：1770—1827
国　籍：德国
出生地：波恩
身　份：音乐家
志　趣：音乐创作

德国作曲家、维也纳古典乐派代表人物之一，对世界音乐的发展起着举足轻重的作用伟大的音乐家，被尊称为"乐圣"。是一位集古典主义大成、开浪漫主义先河的德意志古典音乐作曲家。

路德维希·凡·贝多芬出生在一个音乐之家，祖父是宫廷乐长，父亲是宫廷中的男高音歌手，他从小就表现出非凡的音乐天赋。酗酒成性的父亲为了把他培养成莫扎特式的神童，强迫他长时间练习键盘乐器，甚至半夜喝完酒后也要拖他起来练琴，直到天亮。贝多芬8岁就开始登台演出，11岁辍学专门学习音乐，13岁成为宫廷的风琴手。1787年，17岁的贝多芬到维也纳，开始跟随莫扎特、海顿等人学习作曲。 1789年法国资产阶级革命进步的思想意识给他了很多启发，从而奠定了他人文主义世界帷幕.深信人类平等，追求正义和个性自由，憎恨封建专制的压迫。

当贝多芬在艺术创作上正走向光辉顶点的时候，一扇痛苦的大门却悄然为他打开。1796年，他开始感到听力在逐渐衰退，最后确诊为神经性耳聋。他从中年开始使用助听器，晚年助听器也不起作用了，只能用笔与人交谈。耳疾曾经使贝多芬痛不欲生，甚至写过遗书，企图自杀。然而，贝多芬还是扼住了命运的咽喉，用顽强的毅力奏响了生命的**最强**音。

贝多芬终身未婚，1827年3月26日，他去世时身边一个亲人**都没**有。3天后下葬时却有两万多人自动护送灵柩。他的**遗体被葬**于圣麦斯公墓，与舒伯特的坟墓相邻。

贝多芬是维也纳乐派的最后一位代表，与海顿、**莫扎特**并称为"维也纳三杰"。他集古典音乐之大成，开辟了浪漫时期音乐的道路。在音乐表现上，他几乎涉及当时所有的音乐体裁，大大提高了钢琴的**表现**力，使之获得交响性的戏剧效果，又使交响曲成为直接反映社会变革的重要音乐形式。

交响曲在贝多芬的音乐创作上占有重要地位：《**英雄**交响曲》即《第三交响曲》，标志着他的创作开始进入成熟阶段。《**命运交响曲**》开始的4个音符，刚劲而沉重，让人听了不禁心灵为之**震撼**，用贝多芬自己的话说是"命运来叩门的声音正是这样的"，它也是**作曲家被疾病所**困后发出的心灵呼唤！1823年完成的《第九交响曲》，是贝多芬的最后一部巨作，淋漓尽致地歌颂了他对人类之爱、上帝之**爱**和自然宇宙之爱。以上作品都是摆脱古典主义、展现自由、热情奔放的美丽乐章。

贝多芬的创作集中体现了他那巨人般的性格，反映了那个时代的**进**步思想，它的革命英雄主义形象可以用"通过苦难——走向欢乐；通过斗争——获得胜利"加以概括。他的作品了既壮丽宏伟又极朴实鲜明，它的音乐内容丰富，同时又易于为听众所理解和接受。贝多芬的音乐集中体现了他那个时代人民的痛苦和欢乐，斗争和胜利，因此它过去总是那样**激励**着人们，鼓舞着人们的斗志，即使在现在也使人们感到亲切和鼓舞。

肖　邦

被称为"浪漫主义的钢琴诗人"

生卒年：1810—1849

国　　籍：波兰
出生地：热拉佐瓦沃拉
身　　份：钢琴演奏家、作曲家
志　　趣：音乐

波兰最伟大的作曲家、钢琴家，被称为"浪漫主义的钢琴诗人"。代表作：《马祖卡舞曲》《圆舞曲》《葬礼进行曲》《革命练习曲》等。

弗雷德里克·肖邦出生在波兰华沙郊区热拉佐瓦沃拉。父亲原籍法国，是华沙一所中学的法语教师；母亲是波兰人，曾在一个贵族亲戚的家中当管家。或许是这个原因吧，他身上既有法国人的浪漫柔情，又有波兰血统中与生俱来的强烈爱国热情。

肖邦6岁时向一位捷克音乐家季夫尼学习钢琴，8岁公演即获成功，被誉为"莫扎特第二"。当时，欧洲报纸上登过这样一句话："上帝把莫扎特赐给了奥地利，却把肖邦赐给了波兰。"1826—1829年，他进入华沙音乐学院师从艾师纳院长学习，毕业时得到"品行出众，音乐天才"的评语。

1830年，肖邦携带一抔朋友们赠送的波兰泥土离开华沙，从此再也没能回国。肖邦在巴黎定居，从事钢琴演奏教学和创作活动。在这里他除了与流亡巴黎的波兰侨民密切交往之外，还结识了西欧文艺界许多重要人物，其中包括波兰流亡诗人A.密茨凯维奇，法国文学家雨果、巴尔扎克，德国诗人H.海涅，法国画家E.德拉克罗瓦，意大利音乐家V.贝利尼，匈牙利音乐家F.李斯特，法国作曲家柏辽兹等人。这些交往对肖邦精神生活的影响是不能低估的，特别是同法国女作家乔治·桑的关系，对肖邦的思想、生活产生了深刻的影响。他们在一起生活的8年（1838—1846）是肖邦艺术创作的黄金阶段，他创作了大量的夜曲和圆舞曲，可以说很多音乐是为乔治·桑创作的。可惜，二人终至分道扬镳。抵巴黎后，他放弃了去伦敦的计划，在巴黎定居，从事钢琴演奏教学和创作活动。

肖邦的创作以钢琴曲为主，在第一流的作曲家中，他是唯一把创作生活集中在钢琴上的大师，被称为"浪漫主义的钢琴诗人"。

肖邦从来不受传统的束缚，敢于大胆突破传统，进行创新。这特别表现在他深入地挖掘和丰富了诸如前奏曲、练习曲、叙事曲、夜曲、即兴曲、谐谑曲等一系列音乐体裁的潜在的艺术表现力，赋予它们以新的社会内容。他的旋律有高度的感情表现力，极富个性，和声语言新颖大胆、细腻而富于色彩。这一切因素融合在一起，形成了一种新颖独特的"肖邦风格"，为欧洲音乐的发展做出了贡献。

从1846年起，肖邦的创作开始出现衰退的趋势，1848年，肖邦曾在英国逗留一段时间，在那里他为流亡国外的波兰同胞开了最后一次演奏会。回巴黎后健康情况急剧恶化，1849年10月17日，肖邦在巴黎寓所去世，临终前嘱咐亲友将自己的心脏带回波兰安葬。"妈妈，可怜的妈妈！"这是他对祖国最后深情的呼唤。

施特劳斯

交响诗及标题音乐领域中最伟大的作曲家

生卒年：1864—1949
国　籍：德国
出生地：慕尼黑
身　份：作曲家、指挥家
志　趣：作曲

德国浪漫派晚期的一位伟大的作曲家，同时又是交响诗及标题音乐领域中最伟大的作曲家。

理查德·施特劳斯于1864年6月11日出生在德国慕尼黑，父亲弗朗茨·施特劳斯是慕尼黑宫廷乐队的圆号演奏员。他4岁学钢琴，6岁开始作曲，8岁学小提琴。他从未进过专业音乐学校，毕业于慕尼黑大学。

1882年，18岁的施特劳斯在德累斯顿演奏《小夜曲》，引起著名指挥家彪罗的注意，并受到他的赏识和栽培。1900年以前，他创作了大量交响诗，主要有《唐璜》《堂·吉诃德》《死与净化》《查拉图斯特拉如是说》等。

1900年以后，理查德·施特劳斯主要集中在歌剧创作上。前两部歌剧明显有瓦格纳的影子，第三部歌剧《莎乐美》虽然在故事情节上骇人听闻而引起争议，却使他走向成功。德国皇帝在接见他时说，创作这样的歌剧对他没有好处。施特劳斯则回答说，至少他用这部歌剧的收入买了一栋乡间别墅。

第四部歌剧《埃莱克特拉》因其风格怪异再次令人震撼。第五部歌剧《玫瑰骑士》音乐优美动人，在评论界却依然引起争论，有的说，他摆脱了恶作剧的作风，回归到正常的音乐中；有的则说，他已经才智耗尽，只能靠优美的旋律来吸引观众，全然丧失了以前的创新精神。日后的歌剧创作，施特劳斯走的主要是《玫瑰骑士》的路线。

在《玫瑰骑士》上演之前，似乎理查德·施特劳斯音乐生涯上的每一件事都引起轰动。生活上他却毫无特立独行之处，也没有绯闻发生，事实上他是个非常惧内的丈夫。施特劳斯以善于讨价还价、斤斤计较著称。有人说他"满脑子都是金钱"，他则坦然地说，艺术家为自己的妻子和孩子挣钱并没有错。

理查德·施特劳斯的创作以形象生动、手法新颖著称，常以音乐手段表现文学故事和抽象的事物。

理查德·施特劳斯的交响诗，是19世纪末大管弦乐队丰富的音色、音响激发出的创作灵感，是诗歌、传奇乃至哲理的妥帖结合，创造出一种新的艺术意境。在他的作品里，我们似乎听到一位用活生生的音乐语言来说话、作诗、绘画的天才的声音。

理查德·施特劳斯还是世界上最杰出的歌剧和交响乐指挥之一，他和马勒、魏因格纳被公认为当时德奥音乐舞台上最活跃的三位指挥兼作曲家。在作为作曲家名垂青史的同时，理查德·施特劳斯也享有指挥家的巨大声誉，他担任过柏林皇家歌剧院和维也纳歌剧院的指挥和音乐指导。1920年与马克斯·赖因哈特、霍夫曼斯塔尔等人一同创办萨尔茨堡音乐节。

库尔贝

19世纪法国写实主义画家的杰出代表

生卒年：1819—1877
国　籍：法国
出生地：奥尔南
身　份：画家
志　趣：绘画

古斯塔夫·库尔贝1819年6月10日出生在法国靠近瑞士边境的小镇奥尔南的一个农场主家庭。他天资聪颖，从小就喜欢画画。1841年，父亲送他到巴黎学法律，他却立志做一名画家，在皇家美术学院和贝桑松美术学院学习，还常到卢浮宫及其他美术馆去临摹一些名画，专心研究西方古典美术的成就。在古代大师中，库尔贝最欣赏17世纪西班牙画家委拉斯开兹的技法，曾经临摹过不少他的作品。

由于革命思想家普鲁东和诗人波特莱尔的影响，1848年，库尔贝积极投身于法国革命运动。1872年，他又投身于伟大的巴黎公社运动，担任公社委员和美术家联合会主席，热情为公社绘制旗帜、徽章和各种宣传品。巴黎公社失败后，库尔贝被捕入狱，在狱中所画的《戴贝雷帽系红领带的库尔贝》，展现了他这个时期的革命风貌。1873年，库尔贝经友人保释出狱，随即流亡瑞士，直至去世。

库尔贝是19世纪法国写实主义的开拓者，也是写实主义绘画运动的领袖人物。他主张绘画就是要反映当代社会生活，揭露社会基本矛盾，肯定平民生活的重要性和巨大意义。

《画家的画室》自创作以来，毁誉参半，但赞扬声越来越多，最终在1869年慕尼黑世界博览会上为画家赢得了巨大声誉。画家在写给友人的信中谈到这幅画时说："我在中间作画。右边是我的同道，我的朋友们、工人们、热爱世界和热爱艺术的人们；左边是另一个世界，日常生活的世界，人民、忧愁、贫困、财富、损害者和被损害者，还有那些生活在死亡边缘的人们。"画前的小孩代表"无邪的眼睛"，画家身后的裸体模特一般认为象征了对画家而言的"自然"。这幅画人物众多，象征细节过于复杂。库尔贝画的不仅是一个画室，而且是包含了各色人物的"小社会"，颇有艺术的精神殿堂与人间生活荟萃的含义。

罗　丹

现代雕塑艺术的开拓者

生卒年：1840—1917
国　籍：法国
出生地：巴黎
身　份：雕塑家
志　趣：雕塑

法国著名雕塑家，他是古典主义时期的最后一位雕刻家，又是现代主义时期雕塑艺术的引路人。

奥古斯特·罗丹出生在法国巴黎一个笃信基督教的职员家庭，从小就表现出非凡的美术天赋，14岁时遇到了绘画启蒙老师勒考克。勒考克鼓励他忠实于真正的艺术感觉，而不要遵循学院派的教条，这影响了他的一生。后又随巴耶学雕塑，并当过加里埃·贝勒斯的助手。

1875年罗丹游历意大利，深受米开朗琪罗作品的启发，从而确立了现实主义的创作手法。他的《青铜时代》《思想者》《雨果》《加莱义民》和《巴尔扎克》等作品都有新的创造，曾受到法国学院派的抨击。包含着186件雕塑的《地狱之门》的设计，即因当时官方阻挠而未能按计划实现，只完成《思想者》《吻》《夏娃》等部分作品。他善于用丰富多样的绘画性手法塑造出神态生动富有力量的艺术形象。生平作了许多速写，别具风格，并有《艺术论》传世。

罗丹在欧洲雕塑史上的地位，正如诗人但丁在欧洲文学史上的地位。罗丹和他的两个学生马约尔和布德尔，被誉为欧洲雕塑"三大支柱"。他是古典主义时期的最后一位雕塑家，又是现代主义时期的最初一位雕塑家。

罗丹的雕塑把表现人性美作为艺术创作的最高目标，将欧洲雕塑艺术推向了高峰，可与米开朗琪罗相媲美。罗丹坚信："艺术即感情。"他以自己的艺术实践证实了这一观念，深刻揭示出人类丰富的情感。可以说，罗丹是最杰出的浪漫主义雕塑大师。

罗丹的伟大，还在于他的思想深刻，他没有浪漫派中容易见到的那些弊病，如肤浅的热情、空洞的夸张、虚假的内涵等。他偏爱悲壮的主题，善于从残破中发掘出力与美。这使他的艺术具备博大精深的品格，既动情，又启思，使我们得以神游于心灵的波涛之外，体会生命的奥义、宇宙的玄远、创造的神奇。《思想者》被誉为罗丹艺术生涯的里程碑，他的代表作品还有《青铜时代》《吻》《加莱义民》《雨果》《巴尔扎克》等。

罗丹也像他尊敬的米开朗琪罗一样，一生都在不知疲倦的创作中度过。1917年1月29日，他与同居了五十多年的罗斯走进了结婚礼堂。两周后，罗斯在严寒中冻死；同年11月18日，罗丹也痛苦而死。在他和罗斯的墓前伫立着《思想者》。

罗丹偏爱悲壮的主题，善于从残破中发掘出力与美，这使他的艺术具备博大精深的品格。他开创了一个全新的时代，创作了一种全新的艺术手法。他的作品所体现出的思想和精神魅力，永远带给人以深沉的美，启迪着人们不停地思考。

马 奈

印象画派的奠基人

生卒年：1832—1883

国　　籍：法国
出生地：巴黎
身　　份：画家
志　　趣：绘画

　　法国印象主义画派中的著名画家，19世纪印象主义的奠基人之一，在追溯现代派绘画的起源时，通常以1863年马奈在落选者沙龙中展出《草地上的午餐》为开端。

　　爱德华·马奈出生在巴黎一个法官家庭。他从小喜欢画画，父母却希望他做一名法官。1850年，马奈终于说服了父亲，开始跟随学院派画家库蒂尔学习，接受了较扎实的绘画基础训练。同时，他还潜心研究前辈和同代画家的作品。1860年，马奈的《父母肖像》和《弹吉他的人》首次入选沙龙，开始在巴黎画坛崭露头角。

　　1863年，《草地上的午餐》在落选沙龙中展出后，立刻惊动了巴黎画坛，并遭到拿破仑三世和舆论的攻击。这是一幅打破传统透视技法，使绘画朝平面发展的开拓性作品。它的成功，在于启发了一种新的表现手法和艺术形式的产生，预示着美术史上一个重要时期的到来。

　　1865年展出的《奥林匹亚》，则从主题到绘画技巧方面都向传统提出了挑战，在艺术界具有更为深远的影响。在马奈死后的1907年，法国总理克列孟梭签署命令，将《奥林匹亚》置于卢浮宫陈列。

　　马奈的作品注重外光的新鲜感，不受空间透视束缚，打破了传统的棕褐色调。他是第一个把印象主义的光和色彩带进人物画的人，开创了一代画风。他总是以古典的高贵气质和华丽的印象派色彩交融在自己的画中。

　　《吹笛少年》用几乎没有影子的平面人物画法，表现人物的实在，引得自然主义作家左拉大为赞叹："我相信不可能用比这更简单的手段获得更强烈的效果的了。"《弗里·贝热尔的酒吧》又名《女神游乐场的酒吧》，色彩华丽、光线明亮而闪烁、空间复杂而迷离。以如此梦幻般的光影来再现现实，这是无论在马奈之前还是之后，都很少有人做到的。

　　在人生的最后几年，马奈被疾病缠身，这在很大程度上限制了他的创作，他只画一些花园之类的风景画。1883年，马奈因病不治身亡，数万人参加了他的葬礼。著名画家埃德加·德加望着长长的送葬队伍,感慨道:"马奈比我们想象的更伟大!"

马奈的成就主要体现在人物画方面,他第一个将印象主义的光和色彩带进了人物画,开创了印象主义画风。马奈早年受过学院派的6年教育,后又研究许多历代大师的作品,他的画既有传统绘画坚实的造型,又有印象主义画派明亮、鲜艳、充满光感的色彩,可以说他是一个承上启下的重要画家。他的作品(尤其是肖像画)很自然地反映出了人物的性格和心理。

塞 尚

后期印象派代表人物,被尊为"现代绘画之父"

生卒年:1839—1906
国　籍:法国
出生地:埃克斯
身　份:画家
志　趣:绘画、音乐

后印象主义的代表画家,是印象派到立体主义派之间的重要画家,被尊为"现代艺术之父"。代表作品有《坐在红扶手椅里的塞尚夫人》《埃斯泰克的海湾》《静物苹果篮子》《穿红背心的男孩》等。

保罗·塞尚的父亲是个制帽厂主,后来成为银行家,优裕的生活条件使塞尚有机会接受良好的早期教育。上中学时,他遇到了后来的著名文学家左拉并与之结为好友,两人一起学习一起参加学生乐队,他吹铜管,左拉吹长笛。塞尚虽然把左拉视为好友,却没能留住这段友情,成年后他们还是分道扬镳了。

1861年,塞尚来到巴黎求学,但没能考上巴黎高等美术学校,原因是:"虽具有色彩画家的气质,却不幸滥用颜色。"他垂头丧气地回到埃克斯，大为高兴的父亲在自己的银行中为他安排了一个职务，塞尚并未因此而放下画笔，依然热情地画着。1862年，他再次来到巴黎潜心学画，虽然与莫奈、雷诺阿等印象派画家时常往来，德拉克洛瓦和库尔贝的作品却更为令他欣赏。

1872年，塞尚到旁瓦兹拜访了毕沙罗，与他一起作画。在毕沙罗的影响下，塞尚开始用印象派的技法画风景画，并于1874年参加了印象派的首次画展，却遭到比其他印象派画家更难堪的嘲讽与攻击。失败并没有挫倒塞尚，他逐渐融会贯通了印象派画家们提出的色彩与光线的理论，而放弃了不适合他的德拉克洛瓦式的技法，终于成为开一代画风的艺术大师。

塞尚是后期印象画派的代表人物，毕生追求表现形式，对运用色彩、造型有新的创造，被称为"现代绘画之父"。他认为"线是不存在的，明暗也不存在，只存在色彩之间的对比，物象的体积是从色调准确的相互关系中表现出来的"。

塞尚的作品大都是自己艺术思想的体现，忽略物体的质感及造型的准确性，强调厚重、沉稳的体积感及物体之间的整体关系，有时甚至为了寻求各种关系的和谐而放弃个体的独立和真实性。塞尚这种追求形式美感的艺术方法，为现代绘画艺术开辟了一条全新的道路，恰如毕加索所说："塞尚是我们大家的父亲。"

在可以被当成二十世纪探索绘画先知的十九世纪画家中，从成就和影响来说，最有意义的乃是塞尚。他是一个很少为人理解的孤独者。他终生奋斗不息，为用颜料来表现他的艺术本质的观念而斗争。这些观念扎根于西方绘画的伟大传统之中，在包容性方面，甚至属于艺术中最革命的观念之列。

塞尚认为："画画并不意味着盲目地去复制现实，它意味着寻求各种关系的和谐。"从塞尚开始，西方画家从追求真实地描画自然，开始转向表现自我，并开始出现形形色色的形式主义流派，形成现代绘画的潮流。

凡·高

19世纪最伟大的画家之一

生卒年：1853—1890
国　籍：荷兰
出生地：津德尔特
身　份：画家
志　趣：绘画

荷兰画家，后期印象画派代表人物，是19世纪人类最杰出的艺术家之一。

文森特·凡·高出生在一个牧师家庭，自幼性格孤僻且腼腆羞涩，在家里，只有弟弟提奥是唯一理解他的亲人。

凡·高生性善良，同情穷人，早年为了"抚慰世上一切不幸的人"，他曾自费到一个矿区里去当过教士，跟矿工一样吃最差的伙食，一起睡在地板上。矿坑爆炸时，他曾冒死救出一个重伤的矿工。他的这种过分认真的牺牲精神引起了教会的不安，终于把他撤了职。这样，他才又回到绘画事业上来，他决心做一名职业画家，以画画为生、立业。他受到表兄以及当时荷兰一些画家短时间的指导。

1886年2月，凡·高来到艺术之都巴黎，和印象派画家相交往，在色彩方面受到启发和熏陶。在精神上给他以更大影响的则是前辈画家伦勃朗、杜米埃、米勒及日本画家葛饰北斋的"浮世绘"。

凡·高渐渐对巴黎的浮华生活感到厌倦，也不满意印象派的表现手法和创作理念，1888年2月，他带着希望来到法国南部充满阳光的小城阿尔，迎来了自己创作中最辉煌的时期。《向日葵》《夜晚咖啡馆》《夜晚露天咖啡馆》等都是这一时期的杰作。

这时的凡·高已患上间歇性精神错乱，1889年5月，他来到离阿尔

25千米的圣雷米接受精神治疗。这一时期的作品，许多都表现出强烈的情绪和视觉冲击，如《星月夜》《柏树》等。

1890年5月，凡·高来到距巴黎不远的小镇奥维尔接受加歇医生的治疗，并继续创作。《加歇医生的肖像》《奥维尔的教堂》《麦田上的乌鸦》《麦田》等名作都是这一时期创作的。1890年7月27日，敏感而热情的画家放下了画笔，拿起了手枪……两天后，凡·高与世长辞，年仅37岁。他留给这个世界的遗言是："痛苦便是人生。"

在凡·高短暂的艺术人生中，他靠敏锐的知觉和极端的热情，创造出至今观来仍是极富激情的经典画作。尽管他悲剧般的人生归于病态的疯狂，他却用最欢乐的色彩语言描绘了大自然和人类的感情。

凡·高的画作是他天才禀赋的创造，实现了绘画与生命最亲切、最完美的交融。正如他在写给弟弟提奥的信中说的那样："当我画太阳时，我要让人们感觉到它是在以一种惊人的速度旋转着，正发出威力巨大的光和热的浪；当我画一块麦田时，我希望人们能感觉到麦粒内部的原子正朝着它们最后的成熟和绽开而努力；当我画一棵苹果树时，我希望人们能感觉到苹果里面的果汁正把苹果皮撑开，果核中的种子正在为结出自己的果实而努力。"凡·高可以说是19世纪最具独创性的画家。

一位英国评论家说："他用全部精力追求了一件世界上最简单、最普通的东西，这就是太阳。"他的画面上不单充满了阳光下的鲜艳色彩，而且不止一次地下面去描绘令人逼视的太阳本身，并且多次描绘向日葵。为了纪念他去世的表兄莫夫，他画了一幅阳光下《盛开的桃花》，并题写诗句说："只要活人还活着，死去的人总还是活着。"

柴可夫斯基

19世纪的浪漫悲歌

生卒年：1840—1893

国　籍：俄国
出生地：乌拉尔
身　份：作曲家、音乐教育家
志　趣：音乐

伟大的俄罗斯浪漫乐派作曲家，也是俄罗斯民族乐派的代表人物。其风格直接和间接地影响了很多后来者。

柴可夫斯基出生在乌拉尔的伏特金斯克城，父亲是一个冶金工厂的厂长兼工程师，母亲爱好音乐，他5岁时便在母亲的指导下学习钢琴。10岁进入圣彼得堡法律学校学习，毕业后曾在司法部任职。1862年，柴可夫斯基进入圣彼得堡音乐学院，走上接受真正的专业音乐教育的道路。1866年，他就任莫斯科音乐学院教授，历时11年。

1877年，柴可夫斯基的生活发生了重大转折。他与一个扬言非他不嫁的女学生安东妮娅·米露可娃结婚，但很快就后悔了。婚后两周，他竟要投河自尽，终因抵不住河水的寒冷而放弃，并因此染上严重的肺炎。安东妮娅坚决不肯离婚，柴可夫斯基只好定期寄生活费给她，却再也不肯和她见面。一直到1917年安东妮娅病逝，两人的婚姻关系还保持着。

1885年以前，柴可夫斯基主要住在乡下或国外，多半在瑞士或意大利。这期间，通过朋友的介绍，他得到一位非常热爱音乐且十分慷慨的富孀——梅克夫人的赏识和资助，从而能够专心从事音乐创作。14年间，两人一直是在书信往来，从没见过面。梅克夫人破产后，她主动终止了这段关系。柴可夫斯基此时虽然已功成名就，不需要她的资助了，但失去了最心爱的朋友，精神上还是遭受巨大打击，头发全白了。以后，他一直郁郁寡欢。1893年11月6日，在第六号交响曲《悲怆》首演9天后，柴可夫斯基与世长辞。

柴可夫斯基重视向民间音乐学习，又注意吸取西欧音乐文化发展的经验，把高度的专业创作技巧和俄国民族音乐传统很好地结合起来，把清晰而感人的旋律、强烈的戏剧性冲突和浓郁的民族风格富于独创性地有机融合在他的作品中，为俄国音乐文化和世界音乐文化的发展做出了重要贡献。

在创作上，柴可夫斯基几乎涉猎了音乐中的所有领域。其中最重要的代表作是他的第四、第五、第六交响曲，管弦乐《罗密欧与朱丽叶序曲》，歌剧《叶甫盖尼·奥涅金》《黑桃皇后》，舞剧《天鹅湖》《睡美人》《胡桃夹子》，等等。

柴科夫斯基主张用现实主义手法来表现歌剧，主导动机只用以描写心理感情等内在方面。柴可夫斯基几乎是全世界最受欢迎的"古典"作曲家。他在作品中流淌出的情感时而热情奔放，时而细腻婉转。他的音乐具有强烈的感染力，充满激情，乐章抒情又华丽，并带有强烈的管弦乐风格。这些都反映了作曲家极端情绪化、忧郁敏感的性格特征，音乐中，会突然萎靡不振，又会在突然之间充满了乐观精神。

乌兰诺娃

前苏联芭蕾舞艺术家

生卒年：1910—1998
国　籍：苏联
出生地：圣彼得堡
身　份：舞蹈演员
志　趣：舞蹈

乌兰诺娃于1910年1月10日出生在圣彼得堡一个舞蹈演员家庭。父母去歌剧院演出时，常常把她放在后台的某个角落里，但舞蹈并没给她留下太深的印象。几年后，父母把她送进舞蹈学校学习，老师们都认为她没有学芭蕾舞的天赋，她生来肩就过宽，脖子也稍短，还有轻微驼背，面部表情和芭蕾表现力都很差。她只是个"丑小鸭"，没有人能料到她会成为轰动世界的芭蕾舞演员。

乌兰诺娃在不断获得新东西的同时，也在不断发现和塑造自己。在经典芭蕾舞剧《天鹅湖》的演出中，她成了真正的天鹅公主。在纪念杰出芭蕾舞编导彼季帕诞生125周年的那天，列宁格勒（圣彼得堡）基洛夫歌舞剧院演出了他创作的古典舞剧《睡美人》，乌兰诺娃担任第二幕女主人公，实现了崇高气质、精湛的技巧和极度精雕细刻的完美结合。年轻的乌兰诺娃攀上了芭蕾艺术的辉煌顶峰。

乌兰诺娃曾两次访问中国(1953年及1959年)，并在世界各地演出，享有极高的国际声誉。1998年3月21日，88岁高龄的芭蕾舞大师在莫斯科去世。

乌兰诺娃的舞蹈艺术富于抒情诗意，刻画人物细腻，善于表现复杂的人物性格。在她的表演中，舞蹈技艺、戏剧表演、造型姿态三者达到了水乳交融。她追求表现人物内心的激情，即使难度很大的动作也显得自然、流畅，每个日常生活的简单动作则又表演得典雅而富有音乐感。她不是在舞台上跳舞，而是真正地生活在舞台上。无比优美的舞姿、轻盈迷人的舞步、无与伦比的技巧和巨大的艺术感染力，为她赢得了世界性声誉。

邓　肯

舞蹈艺术的伟大革新者、现代舞的先驱

生卒年：1877—1927

国　籍：美国

出生地：圣弗朗西斯科

身　份：舞蹈家

志　趣：舞蹈

伟大的舞蹈家，现代舞派创始人。她以自己创办的舞蹈学校，传播推广了她的舞蹈思想和舞蹈动作，影响了世界舞蹈的发展进程。

伊莎多拉·邓肯出生在美国加利福尼亚州的圣弗朗西斯科。她的父亲是一位诗人，母亲是一位贫穷而善良的音乐教师。邓肯极有艺术天赋，当她还躺在摇篮里时，一听到音乐就会随着节拍手舞足蹈了。6岁时就能教小伙伴跳舞，10岁时正式成为一名舞蹈教师，并在多位富豪家中教课，小小年纪已经能挣钱贴补家用了。家境虽然窘迫，她却不屑于为生活去跳低级的商业化舞蹈。

21岁时邓肯被迫去英国谋生，在不列颠博物馆潜心研究了古希腊艺术。她从古代雕塑、绘画中找到了自己认为理想的舞蹈表现方式：身着长衫，赤脚，动作酷似树枝摇曳或海浪翻腾。她从古典音乐中汲取灵感，追求"可以通过人体动作神圣地表现人类精神"的舞蹈。她像森林女神一样薄纱轻衫、赤脚起舞的形象，在整个欧洲受到欢迎。

1921年，邓肯应邀去苏联办学。不久，她同苏联诗人叶赛宁结婚。1925年，叶赛宁自杀，邓肯旅居巴黎。1927年9月14日，邓肯在驾驶马车的时候，她围着的长围巾——邓肯常用的舞蹈道具——被卷入了车轮中，使她不幸受伤而死。一代舞蹈艺术家留给世人的最后一句话是："再见了，我的朋友们！我将要走向光荣。"

邓肯从开始跳舞时便表现出对僵化、刻板的古典芭蕾的反感，立志把自己的舞蹈建立在自然的节奏和动作之上，去解释和表演音乐家的作品。她说芭蕾舞者是扭曲的畸形的躯体，毫无美感，这对当时芭蕾风靡的年代无疑造成了巨大冲击。她认为舞蹈艺术来源于自然，人体动作的原动力来自大自然的各种运动。美即自然，可以归结为邓肯的美学思想。她丢弃了足尖鞋，扔掉束胸衣，身披薄如蝉翼的舞衣，赤着脚到任何一个能跳舞的地方去展现舞姿。她在舞蹈中扮演了一个唤醒身体的使者，高度弘扬了人的个体生命意识。

邓肯早期的舞蹈大多表现生之欢乐，抒情题材的作品较多。1913年以后，她的创作转向悲壮的、英雄的题材——贝多芬、瓦格纳、柴可夫斯基的音乐。受古希腊瓶绘和雕塑艺术的影响，她创立了与古典芭蕾相对立的自由舞蹈，其特点是动作自然、形式自由。她创新舞蹈的精神，强烈地影响了同时代的戏剧家、导演、画家、作曲家。其巨大贡献是开辟了抒情舞蹈的新领域。她运用当代或较早期的著名乐曲伴奏，主要作品有舞蹈《马赛曲》、贝多芬的《第七交响乐》、门德尔松的《春》和柴可夫斯基的《斯拉夫进行曲》等。

希区柯克

举世公认的悬念大师，最伟大的电影导演之一

生卒年：1899—1980
国　籍：英国
出生地：伦敦
身　份：导演
志　趣：拍电影

阿尔弗雷德·希区柯克1899年出生于伦敦东部某小镇的一个天主教家庭，9岁时被送到一所名叫圣·伊格纳修斯公学的基督教学校上学。15岁时，父亲去世，他离开圣·伊格纳修斯公学，去学习工程学，后来到一家制造公司的广告部从事绘画工作。

1919年，20岁的希区柯克投身于电影界，为一家公司设计电影字幕卡。1925年，他独立执导电影，由此开始了五十多年漫长而辉煌的电影生涯。希区柯克喜欢在自己的电影里客串，他说他是故意的，这样做的目的是提醒观众这只是一部电影。

1979年3月，希区柯克被美国电影艺术学院授予终身成就奖。1980年1月1日，英国女王伊丽莎白二世授予他爵士封号。同年4月28日，希区柯克因肾功能衰竭，在洛杉矶去世。

希区柯克所贡献给电影艺术的，绝对不仅仅是纯电影的技巧，他的电影人格也是多重的。他是悬念大师，也是心理大师，更是电影中的哲学大师，很少有人能像他那样如此深刻地洞察到人生的荒谬和人性的脆弱。希区柯克的电影，是生与死、罪与罚、理性与疯狂、纯真与诱惑、压制与抗争的矛盾统一体，是一把直指阴暗人心的利刃。

《暗杀者之家》《三十九级台阶》为希区柯克赢得了国际声誉。

1940年，他的第一部好莱坞电影《蝴蝶梦》便勇夺奥斯卡最佳影片奖。1960年，他向新的恐怖题材电影挑战，拍出了一部让全世界惊异的影片《精神病患者》。诡异的题材、悬疑的故事情节、低预算的黑白制作，使这部电影成为希区柯克电影生涯的一座里程碑。

希区柯克作为有史以来最伟大的电影导演之一，却从未获得过奥斯卡最佳导演奖，虽然曾经获6次提名。他于1968年获奥斯卡特别奖，同年获美国导演协会格里菲斯奖，1979年获美国电影研究院终身成就奖。

查里·卓别林

幽默大师

生卒年：1889—1977
出生地：伦敦南部
国　籍：英国
身　份：电影演员、导演、制片人
志　趣：喜剧、电影
家　庭：演艺家庭

查里·卓别林幼年丧父，曾在游艺场和巡回剧团卖艺或打杂。1913年，他随卡尔诺哑剧团去美国演出，被美国导演M.塞纳特看中，从此开始了他的电影生涯。1918年1月21日，卓别林自己的制片厂正式落成。从1919年开始，卓别林开始独立制片，此后一生共拍摄80余部喜剧片，其中在电影史上著名的影片有《淘金记》《城市之光》《摩登时代》《大独裁者》《凡尔杜先生》《舞台生涯》等。这些影片反映了卓别林从一个普通的人道主义者到一位伟大的批判现实主义艺术大师的转变过程。1947年12月，卓别林在巴黎的报纸上发表了一篇题为《我向好莱坞宣战》的文章，向全世界控诉了他所遭遇的迫害。1952年，他受到麦卡锡主义的迫害，被迫离开美国，定居瑞士。在瑞士期间，他拍摄了尖锐讽刺麦卡锡主义的影片——《一个国王在纽约》。1972年，美国隆重邀请卓别林回到好莱坞，授予他奥斯卡终身成就奖，称他"在本世纪为电影艺术做出了不可估量的贡献"。卓别林拍摄了大量的短片，他以精湛的哑剧技巧、完美的银幕形象成为闻名世界的喜剧演员——事实上他可以说是第一名世界明星。他一直是多才的，他是他电影的制片人、导演、编剧、演员，他用事实证实自己也是一位有灵感的作曲家，他为许多影片所作的曲都成为名曲。1977年12月25日，88岁高龄的喜剧大师卓别林与世长辞。

1914年2月28日，头戴圆顶礼帽、手持竹手杖、足穿大皮靴、走路像鸭子的流浪汉——夏尔洛的形象首次出现在影片《阵雨之间》中。这一形象成为卓别林喜剧片的标志，并风靡欧美二十余年。卓别林奠定了现代喜剧电影的基础，他戴着圆顶硬礼帽身着礼服的模样几乎成了喜剧电影的重要代表，其后不少艺人都以他的方式表演。早在无声电影时代，卓别林已是驰名世界的喜剧演员。他的作品贴近生活底层，对现实社会进行了无情的嘲弄，其想象力空前绝后，后世几十年的导演无人敢望其项背。

克拉克·盖博

男人中的男人

生卒年：1901—1960
出生地：俄亥俄州加地斯地区
国　籍：美国
身　份：演员
志　趣：表演
家　庭：农民

克拉克·盖博1901年2月1日生于美国俄亥俄州加地斯地区，原名比利·盖博。他出生后才10个月，母亲就去世了。父亲先后将他托付给祖父母、外祖父母等亲戚家抚养，直到两岁后父亲再婚时，才接回了他。在11岁那年，克拉克·盖博因家境的变迁，不得不中途辍学。

1918年，盖博离开家到附近的城市去闯荡，他观看了著名的话剧《青鸟》，并从此爱上了表演。1923年，他在明星剧团临时客串主角。不久，他结识了长他17岁的百老汇演员约瑟芬·狄伦，他们俩来到好莱坞，并于该年结为夫妻。克拉克·盖博拍摄的第一部影片是1931年的《彩色的沙漠》，他从扮演一个牛仔开始了自己的电影生涯，后来，盖博先后与当时的几位大明星——琼·克劳馥、嘉宝等合作，在一年内拍摄了12部影片，如《自由花》《残花复艳》《红尘》等，他终于用勤奋和才华在好莱坞站稳了脚跟。1932年，他被评为好莱坞十大最卖座的电影演员之一。1933年，一部名叫《一夜风流》的影片让盖博红遍大街小巷，他所扮演的彼得成为影迷们崇拜的偶像，人们争相模仿这个失业记者的打扮，宽外套、V字领衫、宽边帽因此风靡一时。1935年，他在耗资200万美元拍摄的《叛舰喋血记》中扮演指挥士兵哗变的英国海军军官，该片当年获得了奥斯卡最佳影片奖，他本人也获得最佳男主角提名。1939年，他在《乱世佳人》中与费雯·丽合作，饰演迷人的白瑞德，这一角色的创造标志着盖博艺术事业的巅峰，影片公映时，许多影迷都高喊："我爱盖博！我要盖博！"第二次世界大战爆发后，他的妻子卡洛尔·隆巴德（他一生中最爱的女子）在推销战争公债时因飞机失事而遇难，她在临上飞机前，曾给盖博拍了一份电报说："亲爱的，你最好去参军。"1942年，41岁的他参加了美国空军，他多次完成战斗任务，很快从二等兵晋升为少校。二战期间，他曾参加了轰炸柏林的战斗任务，希特勒对他的演技十分佩服，曾派出三个飞行中队，想活捉他，但都无功而返。战争结束后盖博回到好莱坞，此后主演了一些影片，但他一直未能从亡妻的痛苦中解脱出来。1960年，他主演了《不合时宜的人》，影片的女主角是一直崇拜他的好莱坞性感明星梦露。影片刚刚完成，59岁的他就在妻子凯伊的怀里离开了人世，时间是1960年11月16日晚2点15分。

1933年，盖博因《一夜风流》的成功，首次获得了奥斯卡最佳男主角。这也是奥斯卡第一次将这一奖项授予喜剧片演员。1937年，盖博以绝对的优势在当年举行的电影皇帝和皇后的评选活动中当选为好莱坞的电影皇帝。

琼·克劳馥

从好莱坞女星到百事第一董事

生卒年：1905—1977
出生地：得克萨斯州
国　籍：美国
身　份：演员
志　趣：舞蹈
家　庭：离异

琼·克劳馥原名露西尔·费伊·勒·萨埃尔，出生前父母就离异了。16岁时她已经认识了3个父亲，并从其中的一位得到了另一个名字比利·卡森。1915年他们全家住在堪萨斯市，克劳馥不得不为支付自己的学费在洗衣店打工、并做仆人。1923年，自幼爱好舞蹈的她赢得了一项业余舞蹈比赛的冠军，并借此机会加入了合唱团，开始以舞蹈为业。1925年她前往好莱坞试运气，被米高梅公司看中，并签下合约。她的第一部影片是《漂亮女士》，她在里面扮演一个跳舞的小角色，在又拍了不少同类型的影片后，公司觉得她很有发展潜力。为了给她起一个合适的名字，米高梅在杂志上刊登她的大幅照片，在全国范围内征集她的名字，最终定下了琼·克劳馥这个名字。她的好运也随之到来，1928年她主演的《我们跳舞的小女儿》大受好评，从此跻身明星行列。

随着有声电影的兴起，在一群默片明星们被淘汰掉的同时，克劳馥却因为自己美妙的声音而更加闪亮，她的第一部有声片《野性难驯》即票房大卖，而1932年那部汇集了米高梅当时全部巨星的《大饭店》，更让克劳馥从此成为一线明星。接下来她又出演了《命限今朝》(1933)、《火之女》(1939)等片，成了票房的保证。但进入40年代之后，克劳馥意识到再待在米高梅只会不断地重复自己，于是在合约结束后她来到了华纳影视，事实证明她的这一决定是正确的，1945年她在《欲海情魔》中成功地诠释了一个家庭主妇变成一个商场女强人的心路历程，并以出色的表演获得了奥斯卡最佳女主角奖。

1946年她拍摄了广受赞誉的《银海香魂》，1947又以《情天惊魂》再获奥斯卡最佳女主角提名。1952年的《惊惧骤起》又使她获得了第三次奥斯卡提名。克劳馥共经历4次婚姻，最后一位丈夫是百事可乐公司的总裁A. 斯蒂勒。1959年他去世后，克劳馥继承夫业成为公司女董事，从此把精力主要转向了商业，可以说为五六十年代百事可乐的推广立下了汗马功劳。她最后一次出现在银幕上是1970年的电影《特拉格》，1977年5月10日她因癌症在纽约去世，享年72岁。

凯瑟琳·赫本

奥斯卡女王

生卒年：1909—2003
出生地：康涅狄格州
国　籍：美国
身　份：编剧、演员
志　趣：表演
家　庭：医生

凯瑟琳·赫本考入布瑞迈沃学院之后，开始立志做一名演员，在大学期间她演了不少戏。毕业后，她开始在百老汇和其他地方得到一些小角色，她总能把角色演得很吸引人。后来她以舞台剧《勇士丈夫》正式步入美国演艺界，接下来她开始出演电影。在影片《离婚证书》中，由于在片中的出色表演，她拿到了自己标出的片酬并且与RKO公司签约。1932至1934两年间，她主演了5部电影。其中第3部影片《清晨的荣誉》荣获了奥斯卡金像奖。第四部影片《小妇人》获得了当年最佳影片奖。1934年赫本返回百老汇，出演了舞台剧《湖》，那些鼓励她这一行动的批评家和观众们，第一批买了票，在看完之后又是第一批对这场戏和赫本进行攻击。在这种情况下，赫本只得返回了好莱坞。在1935年到1938年期间，赫本只成功地主演了两部电影。赫本于是又回到百老汇出演了舞台戏《费城故事》，可这一举动又宣告了破产。这时的赫本采取了切实、有效的解救措施，她买下了她主演的舞台剧的电影制作权。这一举动果然奏效了，1940年根据赫本的同名舞台戏改编而制作的影片《费城故事》取得了票房上的成功，赫本同时也第3次获得了奥斯卡提名。在接下来的影片《而立之年的女人》中，她开始与男影星斯宾塞·屈赛联手上戏，后来他俩合作了8部以上的影片，同时在戏外他俩也开始了长达25年的罗曼蒂克史。

1951年，已步入中年的赫本以影片《非洲女王》第五次获得了奥斯卡提名。进入50年代，赫本塑造的角色多是具有显赫地位或特殊身份，并以此多次赢得了奥斯卡提名。20世纪60年代，赫本出演的影片不多，因为她把大部分精力投入到了与屈赛的恋情之中。但是，赫本并没有放弃在演艺事业上的追求，她以影片《长夜旅行》为自己赢得了第九个奥斯卡提名。这之后赫本离开了影坛5年的时间，复出后她的第一部影片就是《猜猜谁来赴晚宴》，这也是赫本与屈赛合作的最后一部影片，屈赛在完成这部影片之后就去世了。《猜猜谁来赴晚宴》使赫本第十次获得了奥斯卡提名，并且第二次获得了奥斯卡金像奖。第二年赫本出演了影片《冬狮》，这使她第三次获得了奥斯卡金像奖和第11次获得提名。到了70年代，赫本开始把主要精力投入到了电视电影方面，但她还继续出演了几部影片，包括《公鸡考格本》和《金色池塘》。《金色池塘》使赫本最后一次（第十二次）获得了奥斯卡提名，同时也第四次获得了奥斯卡金像奖。

2003年美国当地时间6月29日下午2时50分，曾4度勇夺奥斯卡影后的好莱坞资深女星凯瑟琳·赫本在自己家中去世。美国警方并未透露凯瑟琳·赫本的死亡原因，仅表示她可能是由于年纪大了而自然死亡。去世时，她的家人都陪伴在她身边。为了纪念赫本并向她表示崇高的敬仰，在赫本去世后，美国当地时间7月1日晚8时，百老汇大街上不亮灯。

她是20世纪美国电影最有力的见证人之一。自1932年从影至20世纪80年代，这位才华卓越的女演员纵横影坛达半个世纪之久，她出演过40余部影片，12次获奥斯卡奖提名，并四度摘取"最佳女演员"的桂冠。这超越了好莱坞所有男女演员的殊荣，使她被誉为"高贵、不朽的电影女神""凯瑟琳陛下"。

英格丽·褒曼

高贵典雅的化身

生卒年：1915—1982
出生地：斯德哥尔摩
国　籍：瑞典
身　份：演员
志　趣：表演
家　庭：孤儿

英格丽·褒曼14岁时就在日记中记录下了她的梦想：有朝一日能站在家乡的舞台上，观众们朝自己热烈地鼓掌。1933年高中毕业后，她考入瑞典皇家戏剧学院学习，在校期间便开始了她的表演生涯。

1936年她主演古斯塔夫·莫兰多执导的《间奏曲》，引起好莱坞著名制片人大卫·赛尔兹·尼克的注意。1939年应他的邀请，英格丽·褒曼前往好莱坞拍摄同名电影的美国版，在好莱坞引起轰动。于是塞尔兹·尼克和她签订了7年的合同。次年英格丽·褒曼登上百老汇舞台，拍摄了众多脍炙人口的影片，包括《卡萨布兰卡》《美人计》《煤气灯下》《圣女贞德》等。这些影片如今已成为电影史上的经典之作。60年代以后，她仍然活跃在银幕和舞台上，并享有极高的声誉。《轻举妄动》《六福客栈》《东方快车谋杀案》是她后期的代表作。晚年的她以顽强的毅力和精湛的演技完成了《秋天奏鸣曲》和《一个叫戈尔达的女人》的拍摄，并得到了影评界和观众的一致褒扬。

她发现自己患有癌症是在1973年11月，两次手术并没有根除病灶，癌细胞已扩散到身体的其他部位。这时，她接受了从影以来最大的挑战：在一部电视系列片中饰演以色列总理梅厄夫人。她演的这个女人已是年逾七旬的老妇，而且患着白细胞过多症。这份工作对已经65岁的她来说非常艰难。她的身体十分虚弱。一天紧张的拍摄结束后，回到住处，总是累得筋疲力尽，但她仍以惊人的毅力坚持拍完了电视片。1982年8月29日，她迎来了自己的第67个生日。这天早上，她感到十分不适，痛楚万分，她强忍剧痛，款待宾客，替他们斟满香槟，举杯共饮，她只是把酒杯同嘴唇"亲了亲"，便放下了。就在当晚，这位伟大的女演员逝世于伦敦寓所，终年67岁。英格丽·褒曼几乎获得了电影界所有奖项，奥斯卡电影奖——1941年奥斯卡最佳女主角奖（《郎心似铁》）、1957年奥斯卡最佳女主角奖（《真假公主》）、1975年奥斯卡最佳女配角奖（《东方快车谋杀案》）；埃米奖——1960年杰出演技奖（《施加压力》）、1982年杰出演技奖（《一个叫戈尔达的女人》）；金球奖——1945年电影类最佳女主角（《煤气灯下》）、1946年电影类最佳女主角（《圣玛丽亚的钟声》）、1957年电影类最佳女主角（《真假公主》）、1983年电影类最佳女主角（《一个叫戈尔达的女人》）。

格里高利·派克

传奇影人

生卒年：1916—2003

出生地：圣迭戈市拉霍亚镇

国　籍：美国

身　份：演员

志　趣：赛马、钓鱼

家　庭：药剂师

格里高利·派克的父亲是一位药剂师，母亲是话务员。小派克5岁的时候，他的父母离婚，他的祖母开始养育他。10岁的时候，派克被送往洛杉矶的一所罗马天主教军事学校就读。毕业后，他考入了圣迭戈州立大学，但在一年后旋即退学。1936年，他又成为加利福尼亚大学伯克利分校预科生，主攻英语文学，并参加了校赛艇队。在高年级的时候，他又加入了学校的小剧团，出演了5场戏，并在百老汇舞台上获得成功。

格里高利·派克的首部电影是1944年的《光荣的日子》。他少年时代所受的严格的军事训练和对待艺术创作的严肃态度，使他迅速成为受导演信赖、受观众欢迎的明星。在他电影表演的最初五年中，他就因出演了影片《王国的钥匙》《幼婴》《12点整》《君子协定》而被4次提名为奥斯卡最佳男主角奖候选人。格里高利·派克1967至1970年任美国电影艺术与科学学院主席。此外曾任全国艺术委员会委员、美国防癌学会主席等职。1967年派克获美国电影艺术与科学学院的琪恩·汉旭特团结友爱奖。1987年9月格里高利·派克曾访问过中国。2000年，格里高利·派克被爱尔兰国立大学授予文学博士。他也是都柏林学院大学电影学院的赞助者。和凯利·格兰特一样，派克在晚年也进行了环球演讲。

格里高利·派克从影几十年来从未传出过任何丑闻，这在鱼龙混杂的好莱坞中更显得出淤泥而不染。派克从容高贵的气质让全世界影迷为之倾倒，他是好莱坞黄金时代的标志。

2003年，87岁的派克在洛杉矶的家中平静地离开了人世，他的第二任妻子陪伴在他的身边。

格里高利·派克从影以来一共主演的电影有60多部，其中以《爱德华大夫》(1945)、《鹿苑长春》(1946)、《太阳浴血记》(1946)、《罗马假日》(1953)、《百万英镑》(1954)、《白鲸》(1956)、《在海滩上》(1959)、

《纳瓦隆大炮》(1961)、《凶兆》(1976)、《麦克阿瑟将军》(1977)、《海狼》(1981)等影片最为著名。他是1947至1952年期间的美国十大明星之一。1962年，正值美国民权运动的巅峰时期，派克主演了由哈珀·李的小说改编而成的电影《杀死一只知更鸟》，在片中他扮演了一位深受压迫的律师和丧偶的父亲阿提卡斯·芬奇。这个角色为派克赢得了奥斯卡最佳男主角的第5次提名，并首次获得了该项大奖，也被美国电影学院奖选为百年影史"一百个银幕英雄与坏蛋"中的头号银幕英雄，该片也是派克最喜爱的作品。在2003年，他主演的阿提卡斯·芬奇被美国电影学院评为100年来最佳的电影英雄。

派克在政治上是一个自由主义者，1967年他曾获杰出人道主义奖，还曾获得自由勋章。在《杀死一只知更鸟》的奥斯卡颁奖仪式上他曾说过："在这部影片中，我投入了我的一切，我46年的生活中所感受和学到的一切，那些关于家庭、父亲和孩子的，还有我对种族主义和司法公正的认识。"他热心地参加公共事业，有多个公益事业和影视事业方面的职务。

马龙·白兰度

永不消逝的偶像

生卒年：1924—2004
出生地：内布拉斯加州欧马哈城
国　籍：美国
身　份：演员
志　趣：表演
家　庭：中产阶级

美国演员马龙·白兰度是当代最伟大的演员之一。1944年开始登上百老汇舞台，3年后以《欲望号街车》的爆炸性演出成为剧坛巨星。20世纪

40年代后期,他加入大导演伊利亚·卡赞领导的"演员工作室",成为最早的成员之一。1950年他以《男儿本色》跃进银幕,但并未引起人们注意,随后,1951年白兰度异军突起,出演他曾经在舞台上大获成功的影片《欲望号街车》,他以其独特的厚实沉稳,粗野遒劲的表演风格成功地塑造了无产者斯坦利的形象。他的出色表演使他获得他的第1次奥斯卡奖提名。此后白兰度又因《萨巴达》《朱利斯·恺撒》和《狂野的人》而获得3次奥斯卡奖提名。1954年,白兰度出演了一部低成本的影片《码头风云》,扮演了一位码头搬运工。为此他还亲身去体验生活,真正当起一个码头搬运工。他将这个角色饰演得有血有肉,使之成为美国中下层工人的光辉代表。1970年,导演弗朗西斯·科波拉力邀他出演影片《教父》,白兰度对此产生极大的兴趣。这部反映美国黑手党家族事业的影片一经上映,立刻引起社会的巨大轰动,被称为是继《公民凯恩》后最伟大的一部电影作品。影片创下非凡的票房收入。白兰度把教父唐·维克托演得出神入化,入木三分,充分展现他惊人的才华。随后,他又出演《巴黎的最后探戈》《超人》《现代启示录》等片,均获得了一致的好评。

进入20世纪90年代后,年迈的白兰度依然演出了颇具水准的影片《唐璜德马科》和《人魔岛》,冯小刚的《大腕》曾计划邀请他出演,但他因身体状况未能参与。2004年7月1日,这位一生颇富传奇色彩的好莱坞"教父"与世长辞,享年80岁。

马龙·白兰度在1954年他以《码头风云》获得奥斯卡、纽约影评人协会及戛纳电影节影帝3项大奖。1967年后他选择了退隐,1973年他复出主演的《教父》再度荣获奥斯卡最佳男主角奖,后来《血染的季节》又一次让他获得奥斯卡奖的提名。

玛丽莲·梦露

性感女王

生卒年:1926—1962

出生地：洛杉矶

国　籍：美国

身　份：演员

志　趣：表演

家　庭：中产阶级

玛丽莲·梦露出生于洛杉矶综合医院里，本名诺玛·莫天森，诺玛的身世坎坷，在她出生前，父亲就离开了家，留下家人与未出世的诺玛。至于母亲葛蕾蒂丝虽然生下了她，却生而不养，不但男女关系复杂，还几乎连孩子的父亲是谁都搞不清。9岁的时候，母亲仍然接受不了父亲离去的事实，被关进精神病院。1941年，小诺玛到了加利福尼亚的"安娜姨妈"家。一年后，16岁的诺玛与大自己4岁的詹姆斯·多尔蒂结了婚，第一次有了自己的家，两年后丈夫应征入伍，当时正处第二次世界大战期间，不久丈夫以不满诺玛的新职业为由提出了离婚，于是在她20岁时就结束了这段短暂的婚姻。后来，凭着较好的外形，玛丽莲·梦露当起泳装模特儿，从此她美丽的倩影四处流传。

1946年，诺玛被20世纪福克斯公司的大老板看中并拍板雇用，从此有了这个艺名——玛丽莲·梦露。1947年玛丽莲·梦露拍了第一部电影，但她在片中只是小配角，之后她拍的几部片也不见起色，福克斯公司不愿和她续新约，她只好重回模特儿一行，并开始上表演课。1949年她为《花花公子》杂志拍摄裸照，之后接了《彗星美人》《夜阑人未静》两部影片，尽管片中的她仍旧是小角色，但已开始受到影迷注意。进入20世纪50年代，玛丽莲·梦露又拍摄了《飞瀑怒潮》《妙药春宵》《绅士爱美人》《大江东去》《七年之痒》等影片，一步步地奠定了她银幕性感女神的形象。1956年玛丽莲·梦露开始在纽约演员工作室的教导下进修。那一年玛丽莲与摄影师米尔顿·格林开创了玛丽莲·梦露电影制作公司。

1960年玛丽莲与克拉克·盖博合演了《不合时宜的人》，谁也不曾料这分别是他们俩的最后一部影片，停机没几天，克拉克·盖博因心脏病猝发而不治身死。同年11月她与丈夫阿瑟·米勒正式分开，这次离异造成的感情创伤始终未能平复。她的神经衰弱变得严重起来，只得进精神病院做一个短期治疗。1962年玛丽莲·梦露在工作与身体状况都不佳的情况下，为了拍《双凤奇缘》和电影公司闹得不愉快，5月19日她竟然不顾工作径自应邀为总统肯尼迪献唱"生日快乐"。8月4日，是一个周末的星期六，是梦露悲剧一生的高潮。这一天早晨，人们还看见她脸庞鲜艳。谁也没有料到，这是临终前的最后光彩。1962年8月5日清晨，玛丽莲的女管家发现她卧室的灯还亮着，她一丝不挂地躺在床上，她在加利福尼亚的洛杉矶刚购置的房中离开了人世。

玛丽莲的每部影片都超乎寻常的卖座，特别是在《七年之痒》这部片中她站在地铁口的镂空铁板上，下面刮上来的风把她的裙子吹得鼓胀起来，成了她影片里最著名的镜头，为后世所效仿。她是银幕性感女神，直到今天仍然无人可替。

奥黛丽·赫本

真正的天使

生卒年：1929——1993

出生地：比利时布鲁塞尔

国　籍：英国

身　份：舞台剧与电影女演员

志　趣：芭蕾

家　庭：贵族

奥黛丽·赫本生于比利时布鲁塞尔，父亲是一位英国银行家，母亲是荷兰贵族后裔，袭有女男爵的封号，家族谱系甚至可以回溯到英王爱德华三世。

赫本6岁开始就读于英国伦敦的贵族寄宿学校，但旋即遇到父母离异，父亲离开了家庭，之后赫本离开英国跟随母亲一起回到荷兰的娘家。1939年,她进入安恒音乐学院学习芭蕾舞,之后,第二次世界大战爆发,宣称中立的荷兰被纳粹占领。由于谣传母亲的家族带有犹太血统,原本十分富裕的男爵家族被视为帝国敌人,不但财产被占领军没收,赫本的舅舅也被处决,母女俩被迫过着贫困的生活。战后,赫本与母亲回到伦敦,赫本进入著名的玛莉·蓝伯特芭蕾舞学校学习芭蕾舞,并击败多数应征者,成为音乐剧《高跟鞋》的合唱团员。由于表现突出,1951年,赫本首次在英国电影《天堂的笑声》中露脸,之后她在电影《双珠艳》里施展舞技,被《双珠艳》导演推荐给威廉·惠勒,参加了其新影片《罗马假日》的拍摄。她扮演楚楚动人的安妮公主,一头黑色短发,外貌优美脱俗,体态轻盈苗条,在金发性感女郎风行的年代,赫本一下子吸引了观众的目光。赫本不仅俘虏了全世界亿万青少年的心,连评论家们也都不知不觉被她吸引,许多报纸评论称赞赫本说:"一位新嘉宝诞生了!"1954年3月25日,赫本获奥斯卡最佳女主角奖。

1954年她与汉弗莱·博加特、威廉·荷顿一同演出比利·怀德拍摄的爱情片《龙凤配》。1955年赫本再度获得奥斯卡最佳女主角奖提名。之后几年,她主演的《战争与和平》《甜姐儿》《巴黎之恋》等片都获得不错的评价。1976年,息影7年过着"贤妻良母"生活的赫本再度重返影坛,与因演007谍报员詹姆斯·邦德而名噪一时的辛·康纳利一起主演《罗宾汉和玛莉安》。当赫本前往纽约出席该片的首映式时,现场的影迷用唱歌的声调齐唱道:"我们爱你,奥黛丽!"这令赫本很感动。她虽然息影多年,但演技并未逊色。继《罗宾汉和玛莉安》后,她又主演了《血线》《哄堂大笑》《直到永远》。1993年1月20日,赫本在瑞士托罗青内茨住所,因结肠癌病逝。

奥黛丽·赫本的一生,是光辉灿烂的一生,她创造的银幕形象,正如她本人一样,留给人们无数美好的印象。她在电影史上所占的独特的一页,永远不会被岁月所抹掉。

1991年4月22日,美国林肯中心电影协会向赫本授予荣誉奖,该奖自1972年起每年向全世界最资深的艺术大师颁发,获奖者先后有卓别林、劳伦斯·奥立弗、伊丽莎白·泰勒、詹姆斯·史都华等影界巨星,这是对赫本影坛生涯以及其非凡演技的崇高褒奖。赫本晚年，致力于社会公益事业。1988年，她担任联合国儿童基金会亲善大使，足迹遍及埃塞俄比亚、苏丹等亚非拉许多国家，受到当地人民的广泛爱戴和欢迎。1992年底，她还以重病之躯赴索马里看望因饥饿而面临死亡的儿童。为表彰她为全世界不幸儿童所做出的努力，美国电影艺术和科学学院将1988年度奥斯卡人道奖授予了她。

伊丽莎白·泰勒

光彩的"玉婆"

生卒年：1932—2011
出生地：英国伦敦
国　籍：美国
身　份：演员
志　趣：表演
家　庭：艺术品商人

伊丽莎白·泰勒自幼习舞，在伦敦长到7岁，全家回到了美国。她的母亲萨拉·泰勒坚持让泰勒去和电影厂老板们的女儿在一起上舞蹈课。母亲通过舞蹈班上一位同学的父母，使她获得了去米高梅影片公司试镜头的机会。而且，弗朗西斯·泰勒艺术画廊的一位老主顾也邀请她去环球影片公司试镜头。米高梅和环球这两家影片公司都非常愿意接受她。泰勒12岁就主演了《玉女神驹》，并引起轰动，迅速成为家喻户晓的红星，此后片约不断。1956年泰勒主演的《岳父大人》，则是其青春期代表作。其后泰勒曾以《战国佳人》《朱门巧妇》及《夏日痴魂》三度获得奥斯卡提名，而《青楼艳妓》及《灵欲春宵》则让她两度登上奥斯卡影后宝座。从童星到贵妇，她的演艺生涯长达半个世纪，并且一直是最受欢迎的女明星之一。在60余年的演艺生涯中，她曾经五次获得奥斯卡奖最佳女主角提名，并两次获得奥斯卡小金人。在80年代之后她的演出大减，但1994年仍推出《石头族乐园》。泰勒结过八次婚，七次以离婚收场，另一次是丈夫空难身亡。

　　泰勒是第一位片酬达到100万美元的女演员，她的魅力、演技使她夺得3次奥斯卡奖；泰勒一生共14次登上《人物》杂志封面，仅次于黛安娜王妃；1993年，泰勒获得美国电影协会终身成就奖；1995年，泰勒被《帝国》杂志评选为影史上最性感的百名影星第16位；1997年，泰勒被《娱乐周刊》评选为影史最杰出的影星第11位、在美国电影协会评选的50名"美国银幕传奇人物"中名列第7；1999年的新年前夜，泰勒和女影星朱莉·安德鲁斯一起，被英国的伊丽莎白女王授予女爵士的头衔；2002年，泰勒获得约翰·F·肯尼迪中心荣誉奖。年事已高的她如今被人尊称为"玉婆"，她还置身于慈善事业，尤其是艾滋病的防治。

阿兰·德龙

独行"电眼杀手"

生卒年：1935—
出生地：索镇
国　籍：法国
身　份：演员、制片人
志　趣：自行车运动
家　庭：电影工作者

　　阿兰·德龙1935年11月8日生于法国索镇市，他的父亲是一名电影工作者，母亲在一家药店工作。20世纪50年代初叶，他在印度支那的法国海军当了几年伞兵。1956年他回到巴黎，寄宿在一位朋友家里，靠做一些临时性工作糊口。德龙凭借自己英俊的面孔结识了一些著名电影明星，像让·克罗德·布雷力和碧姬·欧柏都是他最早的演艺界的朋友。在1957年，他参加了伊夫·阿勒格莱特执导的影片《当女人卷入其中》的拍摄，并与一电影工作室签约，以此开始了他的演艺生涯。

作为一个从未接受过科班训练的新手，德龙一开始几乎饰演的全是年轻、强壮、甚至道德上有些堕落的年轻人。后来，因为他那令人屏息的英俊相貌，他也得到了一些温柔情人或风流英雄的角色，如为我国观众所喜爱的《佐罗》等。他的第一个突出的演艺成就是在出演惊险电影《阳光明媚》时取得的。后来，德龙在几部意大利的电影中扮演了同以往性格差异很大的角色，又回到了犯罪的题材上来。其中，他与让·加宾合作的《地下室的旋律》堪称这类作品的典型代表。这部影片不仅仅以精美的画面和音乐取胜，其严谨的制作和片中德龙出色的演技都令人称道。

直到60年代后期，德龙才开始转向扮演外表冷静、重在表达内心世界的角色。1960年，阿兰·德龙主演维斯康提执导的《洛克和他的兄弟》一片，并因此赢得了国际电影界的承认。1961年，他又获得了维斯康提在巴黎所拍的《她是个妓女》一片的舞台角色。1963年，他和另一位著名演员琼·卡米特主演了《大小通吃》。这部影片不仅剧本写得好，制作也非常精细，再加上阿兰·德龙和卡米特的精湛演技，使它成为全球犯罪片领域里一部不可多得的经典之作。1964年，阿兰·德龙成立德尔博制片公司，出品由盖伊·吉尔导演的电影短片。1970年阿兰·德龙开始拍摄电影故事片，他真正取得评论界的喝彩，是因为在1976年的《克兰先生》中出色地扮演了那个冰冷、阴险的主角。

2001年66岁那年，他在巴黎大饭店举行的记者招待会上宣布"不再拍摄影片"，表明了引退之意。当天，阿兰·德龙表示，"过去一直寻求与自己志同道合的人一同做事，并为此做出了不懈的努力，现在虽然准备离开银屏，但没有什么可遗憾的事情。"

阿兰·德龙结过两次婚，第一任妻子是娜塔莉·德龙，两人的儿子安东尼·德龙也踏足电影圈，出演了几部影片。现任妻子是罗莎莉，给他生育有一子一女。

阿兰·德龙从影多年，获得无数的奖项及肯定，他塑造的佐罗是正义的图腾。他本人也成了人们心目中年轻有为的侠义志士。他扮演的角色多以坚韧、冷酷著称,被誉为法国电影的活证人。

简·方达

健美影后

生卒年:1937—
出生地:纽约
国　籍:美国
身　份:演员
志　趣:演艺和健美操
家　庭:演艺

　　简·方达出生于美国纽约一个具有传奇色彩的影星之家,父亲亨利·方达是一位著名的演员,母亲弗朗西斯·西摩·布洛考是纽约社交界的名人,这就注定简·方达从一生下来就要过着一种受人关注的生活。童年时,简·方达的母亲因丈夫有外遇而患上抑郁症。当简·方达12岁时,母亲曾用刀片割喉自杀,自此,简·方达一直生活在这件事的阴影之下。

　　尽管童年的简·方达并没有表现出对表演强烈的兴趣与爱好,但是自从1954年同父亲亨利一起参加了奥马哈社区剧团制作的舞台剧《乡村姑娘》的演出之后,她开始表现出对舞台表演的浓厚兴趣。1958年,简·方达遇到了美国戏剧导演李·斯特拉斯伯格,并在一个演员培训中心接受训练。1960年,简·方达出演了她的首部影片《金童玉女》,从而开启了她表演事业的大门。

　　1968年,简·方达在她丈夫罗杰·华汀执导的电影《太空英雄》中穿着闪亮的三点式泳衣演出,从此一举成名。简·方达于1973年与罗杰·华汀离婚,不久,她便和著名的反战人士海登结婚,两人后来一同从事反战活动，海登后来投身政界，1989年，简·方达发现海登有外遇，于是提出离婚。简·方达离婚后，结识了美国有线电视新闻网络（CNN）创办人泰德·特纳，两人于1991年结婚，可惜婚姻只维持了10年，后来双方正式离婚。1981年，她与父亲共同制作了唯一一部父女合作的影片——《金色池塘》，帮助父亲完成了赢得奥斯卡金像奖的心愿。

1992年，简·方达退出影坛；1995年她被英国《帝国》杂志评为"电影史上最性感的影星"之一，排名第21位；1997年她被《帝国》杂志评为"电影史上最著名的影星"之一，排名第83位。此外，她还是20世纪60年代至80年代最漂亮的好莱坞女星之一。在美国人眼里，简·方达是一个伟大的演员，更是一个杰出的社会活动家；是一个备受争议的女权主义者，又是一个经历婚姻坎坷的妻子；是一个激进的反战者，又是一个崇尚美丽的健美大师。

简·方达与父亲、兄长彼得·方达并称好莱坞一门三杰。在演艺事业方面，简·方达曾得过两届奥斯卡金像奖的最佳女主角，分别是1971年的《花街杀人狂》及1978年的《荣归》。其中，她在《花街杀人狂》一片中她饰演一名狡猾的应召女郎，其演技精湛，令人回味。20世纪七八十年代淡出银幕之后，简·方达曾致力于推广其热衷的有氧运动，有多部健美录影带全球热卖。

阿诺德·施瓦辛格

完美的动作英雄

生卒年：1947—
出生地：奥地利 格拉茨的特尔村
国　籍：美国
身　份：演员、导演、州长
志　趣：表演、写作

家　庭：平民

1947年，阿诺德·施瓦辛格出生在战后奥地利的一个普通家庭里，父亲是一位警长。幼年时的施瓦辛格有三个梦想：当世界上最强壮的人、电影明星和成功的商人。年轻时一位欧洲商人曾邀请·施瓦辛格到他美国的豪宅一游。美国一游，在施瓦辛格的心里燃起了一股无法扑灭的火种。他决心要到南加州，也就是当时的"健身圣地"定居。他的热忱与天分，得到了美国健身界"教父"韦德尔的赏识，并让他在南加州接受训练。

1966年，19岁的施瓦辛格获得了健美的"欧洲先生"的称号。此后，他几乎包揽了所有的世界级健美冠军。包括五次"宇宙先生"，一次"世界先生"，七次"奥林匹亚先生"。1997年，国际健美联合会授予他"20世纪最优秀的健美运动员"金质勋章。从健美界退役后，他开始写健身书，并运用自己的经济头脑投资房地产。

施瓦辛格在健美界频频夺冠时，便曾被人邀请去拍过电影。退役后，他全身心地投入到电影事业中来。从1970年他拍摄《大力神在纽约》开始，至今已主演近20部动作片，在全球影响极广。其中最成功的影片是《魔鬼终结者2》，该片使他成为全球收入最高的演员。更难得的是他为拓宽戏路还出演了几部喜剧片，依然大获成功。这也是其他动作片明星所无法比拟的。此外，他还出席电视节目，向全国各地的人讲解健康的秘诀并开设健身班。施瓦辛格还很关心儿童的成长等社会问题，后来又成功竞选成为加州州长。他已经成了美国大众文化的代表，美国人的偶像。

在好莱坞主流影星中，施瓦辛格是唯一一位半路出家的演员，他在其他领域的建树同样引人注目。他的那种百折不挠、坚忍不拔的意志，贯穿了他在各个时期的奋斗历程，他那股永远向上的精神令人钦佩。

作为影人，施瓦辛格是好莱坞最走红的明星，作为健美人，他早已成为各项赛事当之无愧的王中之王，作为从政者，他也是美国政界的耀眼新星。他的电影代表作品有：《王者之剑》《终结者》《终结者2》《终结者3》《真实的谎言》《第六日》《魔鬼末日》《宇宙威龙》《真实的谎言》《孕夫》《龙兄鼠弟》《幼稚园特警》等。

皮埃尔·德·顾拜旦

现代奥林匹克运动的发起人,现代奥林匹克之父

生卒年：1863——1937
国　籍：法国
出生地：巴黎
身　份：体育活动家、教育家、历史学家
家　庭：贵族
志　趣：发展体育、改革教育

1863年1月1日,顾拜旦出生于法国一个贵族家庭,承袭了男爵头衔。父母富足有知,培养了他多种爱好。童年时代,他在诺曼底度过,赛艇、击剑、骑马是他儿时的乐趣。青年时代,他志在教育和历史,先后入读巴黎政治学院和巴黎大学,获得文学、科学和法学三个学位。然而普法战争法国的战败,使他萌生了教育救国和体育救国的思想。

从1883年到1887年,他曾4次到英国考察教育。体育运动对英国国民素质和社会生活的深刻影响让他深有感触。回国后,他成为发展体育和改革教育的倡导者。1888年,他发起成立了第一个"全法学校体育协会",并出资设立了"皮埃尔·德·顾拜旦奖"。1890年,他访问了奥林匹克运动的发源地——希腊的奥林匹亚,从此,创办现代奥运会成为他不懈努力的目标。

1892年,他在巴黎首次提出了"复兴奥林匹克运动"的口号。在他的奔波努力下,欧美国家一致恢复了奥林匹克运动的宪章。1894年,国际奥林匹克委员会成立,著名希腊文学家维凯拉斯担任首任国际奥委会主席,顾拜旦出任秘书长,并于1896年在希腊雅典召开了第一届奥林匹克运动会。顾拜旦亲自设计了现代奥运会的会徽和会旗。雅典奥运会后,顾拜旦当选第二任国际奥委会主席,直到1925年。他曾发表《教育制度的改革》

《运动心理之理想》《英国教育学》等著作，其发展体育和改革教育的理念，产生了深刻的国际影响。他的《体育颂》引领我们的目光穿越美丽的希腊，在高山之巅感受曾经沉寂千年的古希腊奥林匹克文明。

1937年9月2日，顾拜旦在瑞士日内瓦去世，他整整为奥林匹克运动奋斗了54年。按照遗嘱，他的心脏安葬在奥林匹克运动发源地——希腊奥林匹亚的科罗努斯山下。

杰西·欧文斯

奥运史上最辉煌的明星，被誉为"黑色闪电"

生卒年：1913—1980
国　　籍：美国
出生地：亚拉巴马州
身　　份：田径运动员
家　　庭：棉农之家
志　　趣：献身体育、热爱和平
性　　格：坚忍持重、永不言败

1913年9月12日，欧文斯出生在美国丹维尔，是土著黑奴的后裔。他从小就喜欢足球和橄榄球，极具运动禀赋。迫于家境贫寒，他能选择的运动只有不需要任何费用的跑跳项目。9岁时，他随家迁居克里夫兰，后来就读于一所技术学校，在那里他遇到了发现他运动天赋并改变了他一生的良师益友——查尔斯·里雷。

1933年，他参加全美中学生运动会，连创4项全国纪录，优异的成绩使他成为高中的田径明星。不久他作为"体育尖子生"被俄亥俄州大学录取，投师于著名教练斯尼特尔门下。1935年在全美大学生运动会上，他在70分钟内5次打破4项世界纪录，所创下的8米13的跳远成绩保持了25年之久，瞬间轰动体坛。从那时起，体育成为他的全部。

1936年在柏林奥运会上，他有如田径赛道上的一抹"黑色闪电"，一举夺得4项金牌，粉碎了希特勒想利用奥运会标榜"种族优越论"的阴谋，并与德国选手鲁茨·朗结下了君子之谊。当希特勒气急败坏地离场拒发奖杯时，他说："我到柏林不是来与什么人物握手的，我是来夺金牌的，现在这个目的已经达到，这就足够了。"他赢得了金牌也赢得了道义，11万德国观众为之欢呼，他成了柏林奥运会的英雄，人们把柏林奥运会称为"杰西·欧文斯奥运会"。然而，载誉而归的欧文斯没有逃脱遭受歧视和失业的窘境，直到20世纪50年代后，他的生活才渐有起色。1955年他曾受邀担任美国负责体育运动的官员。

1980年3月31日，欧文斯因肺癌与世长辞。芝加哥大学为他举行了隆重的葬礼，在他的灵柩上覆盖着一面奥林匹克五环旗。

拉里莎·拉蒂尼那

20世纪60年代前苏联首席"体操皇后"

生卒年：1934—
国　籍：乌克兰
出生地：赫尔松
身　份：体操运动员
家　庭：孤儿
志　趣：体操、芭蕾舞
性　格：灵敏强悍

1934年12月27日，拉蒂尼娜出生在苏联赫尔松地区。她自幼接受严格的芭蕾训练，后转向体操。19岁时她考入基辅工学院，曾设想从事工程师或教育家的工作，经过慎重考虑，她决定专心从事体操训练，于是从工学院转入体育学院。一年后，她在意大利世界体操锦标赛上，获团体操比赛金牌。

她几乎拿到了女子体操的所有奖项，是奥运史上夺得奖牌和金牌最多的选手，至今无人能够超越。1956年在墨尔本奥运会上，她击败匈牙利的体操名将阿格奈什·凯莱蒂，夺得4金1银1铜，正式登基"体操皇后"之位。两年后她怀孕上阵，以绝对优势囊括了第14届世界体操锦标赛全能、高低杠、跳马和团体4项冠军。1960年的罗马奥运会，她再次摘得3金2银1铜。两年后的世锦赛上，她囊括了除平衡木以外的其余全部5块金牌。1964年，她在东京奥运会上，夺得2金2银2铜，并实现了奥运会团体和自由体操的三连冠。此外，在两届欧锦赛（1957年、1961年）上她获得了7枚金牌。

1966年拉蒂尼娜退役。在1967年到1977年间，她担任苏联体操队教练，多次率队出国参赛。1980年莫斯科奥运会上，她担任了体操项目的赛事组织者。

贝 利

足球史上最伟大的球员，三座世界杯加冕的球王

生卒年：1940—
国　籍：巴西
出生地：特雷斯·科拉科伊斯
身　份：足球运动员
家　庭：足球世家
志　趣：足球、公益事业
性　格：友善、大度

他的名字传遍了世界，常和伟大一起连用，他的名字另一种写法是G—O—D（上帝），他就是巴西球王贝利。巴西是足球的国度，贝利的父亲也是个球员，所以贝利天性中就有对足球的渴望。10岁时，他和伙伴们自组"9月7日街道俱乐部"，一边在街头踢球，一边擦皮鞋给家里

挣钱。11岁时，他被巴西前国家队教练布利托带到了圣保罗州的包鲁俱乐部少年队。13岁起，他率领该队连获3届包鲁市冠军。3年后，布利托将贝利推荐到巴西劲旅桑托斯队，并预言："这个孩子将会成为世界上最伟大的球员。"从此，贝利开始了他的职业赛季的征服之旅。

从1957年到1965年，他连续9年穿上最佳射手金靴，这一纪录至今无人能够超越。1957年，他进入巴西国家队，在1958、1962、1970年与队友一起为巴西夺得3届世界杯赛冠军，使"雷米特杯"永久地留在了巴西。贝利本人也成为世界上唯一一位夺得过3届世界杯冠军的球员。他以炫目的球技令整个世界为之震动，以友善的人格与队友结下了毫无介怀的友谊，他与加林查、瓦瓦组成的前锋铁三角成为球迷心中永远的记忆。1958年夺冠后，贝利伏在队友迪迪的肩膀上动情哭泣，这一镜头已成为永恒的经典。

1974年贝利宣布退役，桑托斯队永久封存了他的10号球衣。1975年，在美国纽约宇宙队力邀下他又踢了2年球。1977年10月1日，贝利在纪念赛中代表桑托斯队和宇宙队各踢半场，而后挂靴退役。1994年他出任联合国教科文组织友好大使。

穆罕默德·阿里

尊严比金牌更重要的伟大拳王

生卒年：1942—2016

国　籍：美国

出生地：肯塔基州

身　份：拳击运动员

家　庭：贫民

志　趣：拳击与和平

性　格：刚毅、自尊、暴烈

一代拳王穆罕默德·阿里，原名卡休斯·克莱，出生在美国种族隔离制度严重的肯塔基州的路易斯维尔。12岁时一个偶然的机会使他选择了拳击之路，6年后他成为一个出色的拳击手。

1960年在罗马奥运会上，阿里在81公斤级的比赛中战胜对手，获得了唯一的一枚奥运会金牌，他独创的"蝴蝶步"步法也开始被人们所知。但是奥运金牌并没有改变阿里遭受种族歧视的现实，在不满和愤怒中他将自己的金牌扔进了大海。随后阿里正式进入职业拳击比赛。

1964年2月25日，阿里在迈阿密击败拳王利斯顿，职业拳击进入了"阿里时代"。第二天，他向全世界宣布自己皈依伊斯兰教，改名穆罕默德·阿里。那一刻阿里定义了自己的一生——与美国主流社会背离。越战爆发后，阿里拒绝入伍并发表了反战宣言，此后一直到1970年，所有相关比赛都对他关上了大门。

1974年10月30日，在非洲扎伊尔的金沙萨，32岁的阿里挑战25岁的新拳王福尔曼。这场比赛对阿里的意义不同寻常：取胜，标志着他还有可能打下去；失败，标志着他就此退出拳坛。阿里最终赢得了胜利，夺回了阔别7年的拳王金腰带。此后，他又连续10次蝉联了拳王的称号。

1978年，阿里以20年22次获得重量级拳王称号的骄人战绩，结束了职业生涯。而后作为文化和体育使者，走访各国。亚特兰大奥运会开幕式上，身患帕金森综合征的阿里用颤抖的双手点燃了奥运会的圣火；国际奥委会主席萨马兰奇将一枚特制的罗马奥运会金牌，戴在了他的胸前。2005年美国总统布什授予阿里"总统自由勋章"。

鲍勃·比蒙

他以8.90米的成绩创造了"进入21世纪的一跳"

生卒年：1946—
国　籍：美国
出生地：纽约

身　　份：跳远运动员
家　　庭：贫民
志　　趣：跳远
性　　格：坚韧执著、奋勇争光

1946年比蒙出生于美国纽约的一个贫民窟，从孩提时代就备尝生活的艰辛。在不良环境的影响下，他还成了问题少年被送进少年管理学校。在那里比蒙找到了自己的兴趣和依托——跳远，从此改变了他的一生。每天大部分时间他都是在田径场上度过，经过刻苦的训练，他的身体素质达到了世界一流水平，当时他100米成绩10.3秒、跳高成绩2.05米、三级跳远成绩15.76米。16岁时，他在一次少年运动会上跳出了7.32米的好成绩，从此驰骋田坛。

1968年在墨西哥城奥运会上，他以8.90米的惊人成绩获得男子跳远金牌并创造世界纪录。在他着陆的一刹那，沉闷的赛场顿时沸腾起来。沙坑侧面安置的长度读数板上没有这么远的标记，裁判不得已掏出额外的钢尺测量距离。而他自己也激动得双膝跪地，吻着跑道。这个在高原场地（海拔2 248米）上创造的纪录比原纪录（8.35米）提高了55厘米；在过去的33年中，跳远的世界纪录总共提高了22厘米；而比蒙只用了一瞬间，便实现了55厘米的惊人跨越。比蒙8.90米的"世纪之跳"尘封了23年，此间许多田坛顶级跳远高手都试图去刷新这一纪录，均以失败告终，直到1991年才被美国的鲍威尔打破。他一生中只参加过这一届奥运会，在决赛中也只试跳了一次，但正是这一跳，创造了"神话般的世界纪录"，使他作为英雄人物被写进奥运会历史。

维克多·克罗沃普斯科夫

两届奥运会佩剑冠军，被誉为"世界第一佩剑"

生卒年：1948—

国　　籍：俄罗斯
出生地：莫斯科
身　　份：击剑运动员
家　　庭：工人
志　　趣：击剑、历史
性　　格：坚毅、刚强

在世界剑坛上有一位"神奇"的剑客，他不仅剑术高超，而且还凭借自己的毅力和执着创造了剑坛奇迹。他就是被人们誉为"世界第一佩剑"的维克多·克罗沃普斯科夫。

1948年9月27日，维克多出生在莫斯科的一个普通工人家庭。他自幼聪明好学，对击剑运动非常着迷，渴望有朝一日能够叱咤剑坛。16岁时，他被莫斯科青少年体校教练员列夫·科列什科夫看中，在他的指导下开始了击剑生涯。由于家里经济并不宽裕，他一边坚持剑术训练一边做送报工，以减轻家庭负担。后来，他考入莫斯科工学院，为了继续练剑，他又从工学院转到体育学院攻读击剑专业，笃定地投入到艰苦的训练中。1968年，他在国际赛场上崭露头角，第一次获得了世界青年锦标赛佩剑个人冠军。此后，他又拜师马克·拉基塔，在名师的悉心教导下他的剑术日益成熟，并逐步形成了干练、奔放和凶狠的风格。进入国家队后，维克多更加努力训练，苦练剑技。他先后多次取得佩剑团体和个人的世界冠军和欧洲冠军。

1976年，他参加蒙特利尔奥运会时，已经是剑坛举足轻重的人物，他击败了自己的队友获得奥运会佩剑个人冠军，又和队友一起获得团体冠军。1977年，他在一次佩剑比赛中不幸跟腱断裂，这对于击剑运动员来说是致命的伤病。但维克多并没有就此放弃，他以惊人的毅力，像小孩学步一样从头锻炼，半年后奇迹般重返赛场，并延续了自己的辉煌。1980年在莫斯科奥运会上，他再次荣膺佩剑个人和团体冠军。他的胜利捍卫了自己"世界第一佩剑"的称号。

玛蒂娜·纳芙拉蒂洛娃

20世纪80年代无人匹敌的"网坛铁金刚"

生卒年：1956——
国　籍：美国
出生地：布拉格
身　份：网球运动员
家　庭：网球世家
志　趣：网球
性　格：率直叛逆、执着勇敢

1956年10月18日，玛蒂娜出生在前捷克斯洛伐克首都布拉格。3岁时父母离异，母亲嫁给网球教练纳芙拉蒂尔，她也随继父姓氏改名为玛蒂娜·纳芙拉蒂洛娃。继父给了她很多指导，尤其是鼓励她在网前积极进攻的打法，对她的球风产生了深刻的影响。8岁时她第一次参赛就打进了半决赛，引起轰动，被当作国家特殊人才培养。

她是世界上首位在4个不同的年代（20世纪70年代、80年代、90年代和21世纪初）都进入世界网坛排名的球员。1973年她排名国家第一，开始职业网球生涯。由于和前捷克斯洛伐克当局关系紧张，1975年她在美网公开赛期间向纽约移民局请求政治避难，获得美国绿卡后前往美国。前捷克斯洛伐克政府封锁了媒体对她的一切报道，她和家人失去联系长达4年之久。初到美国她一度状态不佳，直到1978年她在温网中分别战胜埃弗特和比莉·琼金夺冠，才达到职业生涯的最终突破。1980年比赛的失利和传闻使她再次陷入人生的低谷，为了减轻压力，她毅然向公众承认了同性恋倾向。

1981年，她获得美国国籍，开始了人生和职业的双重转折。1983年，她共获得15次单打冠军和13次双打冠军，全年只输了1场。1982

年到1987年，她与埃弗特在大满贯的决赛上对打10次胜7次。高手之间的竞争使她们的能力都达到了顶点，也成为无法重现的经典，这段时间玛蒂娜成为世界第一。

而后，网坛新星格拉芙的崛起，使玛蒂娜失去世界第一的排名。然而，1990年她以33岁的高龄再夺温网冠军。1992年，36岁的她在巴黎室内冠军赛上战胜了莫尼卡·塞莱斯，成为世界上年纪最大的女子网球运动员。1994年，她宣布退出球坛。2000年她被选入国际网球名人堂。同年，她宣布复出，并一直奋斗至2006年。

玛丽塔·科赫

20世纪七八十年代女子短跑的"世界田径女皇"

生卒年：1957—
国　籍：德国
出生地：维斯马城
身　份：短跑运动员
家　庭：普通家庭
志　趣：跑步、医学
个　性：温和娴静、勤奋执着

1957年2月18日，科赫出生在波罗的海岸的维斯马城。11岁那年，她在学校的"体育日"赛跑中战胜了所有的男孩子，显示出田径运动的天赋。此后，她正式开始田径训练，主攻200米和400米两个项目。经过几年艰苦系统的训练，到中学时她已经成为一名很全面的短跑健将。

1974年，她在全国比赛中取得少年组400米冠军。1976年在蒙特利尔奥运会上，由于赛前脚扭伤，她无缘决赛，这次失败给她留下了一生难以磨灭的印象。她将此次冠军谢文斯卡作为崇拜对象，决定像她那样破纪录、拿世界冠军。从那时开始，她的每一步都坚定地朝这个目标努力。

1978年，她开始向世界田径200米、400米的长久垄断者谢文斯卡发起了挑战，最终将这两项世界纪录统统刷新，开始了"科赫时代"。1979年，她5次刷新世界纪录，甚至在一天之内两次刷新世界纪录。1980年，她夺得莫斯科奥运会400米冠军，这也是她获得的唯一一块奥运会金牌。此后教练对她的训练方法做了改进。1983年，她在赫尔辛基世锦赛上夺得3金1银，成绩超过一人独得3枚金牌的美国超级田径明星卡尔·刘易斯。1985年在堪培拉世界杯400米赛上，她跑出了47秒60，一个后人难以超越的世界纪录。

由于伤病，1987年她宣布退役。之后与教练迈耶尔完婚，并开始向她的另一个最爱——医学进军。

格里菲斯·乔伊纳

20世纪超级短跑明星，被誉为"世界第一女飞人"

生卒年：1959—1998
国　籍：美国
出生地：洛杉矶
身　份：短跑运动员
家　庭：技师之家
志　趣：短跑、心理学
性　格：自信开朗、时尚大胆

1959年12月21日，乔伊纳出生在美国洛杉矶。她从小就显示出超人的短跑天赋，7岁开始接受田径训练，并获得过"杰西·欧文斯"青少年组比赛的冠军；中学毕业时，她留下多项短跑和跳远的学校纪录。她对运动心理学特别感兴趣，在大学她选择了心理学专业。大二时，她一度因无力支付学费而辍学工作，后来在田径教练鲍博·克西的帮助下申请到奖学金，才得以重返校园，她一边跟随教练刻苦地训练，一边如饥似渴地学习自己的专业，正是克西把她塑造成了短跑英雄。

乔伊纳是一个大器晚成的人。1984年在洛杉矶奥运会上她仅获200米银牌，却以飘逸的长发、自信的微笑和裸露一条大腿的艳丽赛服征服了观看比赛的观众，并为自己赢得了"花蝴蝶"的美称。1988年的首尔奥运会是乔伊纳运动生涯的巅峰，此时她已经与洛杉矶三级跳远冠军阿尔·乔伊纳结婚。她一举夺得了3枚金牌和1枚银牌，她所创造的100米、200米的世界纪录，至今无人问鼎。她用实力再次征服了全世界，成为当届奥运会的田径女英雄，被称誉为"世界第一女飞人"。

1989年她获得欧文斯奖，在颁奖仪式上她突然宣布退役，让"乔迷们"十分震惊。退役后，她从事时装设计、拍电影、电视剧等活动，均获得成功。她对色彩和样式超乎寻常的想象力，令专业设计师都感到惊奇。1998年9月21日，她在睡梦中离开人世，国际体育界无不为之唏嘘。

纳迪亚·科马内奇

世界体操史上的女皇，7个满分10分的缔造者

生卒年：1961—
国　籍：罗马尼亚
出生地：奥尼斯迪
身　份：体操运动员
家　庭：普通家庭
志　趣：体操、音乐、艺术
性　格：坚忍博爱、淡然稳重

1976年7月18日，在蒙特利尔奥运会体操赛场上，一个14岁的小姑娘以无懈可击、完美无缺的高低杠动作震惊了四座，征服了观众和评委，奇迹般地获得了世界体操史上第一个满分——10分，从那天开始全世界都记住了她的名字——纳迪亚·科马内奇。

完美并非与生俱来而是勤奋苦练的结果。科马内奇6岁开始接受体操训练，8岁时首次在全国体操比赛中亮相，就从平衡木上摔下来，教练告诉她："在胜利之前，必须学会有输的风度。"之后母亲把她的名字改成"纳迪亚"，意为希望。10岁以后她每天运动量相当于山地滑雪60公里—70公里。父亲说，14岁的女儿付出的劳动相当于一个平常人半辈子的劳动量。而后希望终于成了现实。在以后不到10年的时间里，科马内奇在各种国际比赛中获得了几十个满分、数十枚金牌。

1976年在蒙特利尔奥运会上，科马内奇共获得7次满分10分，创造了奥运体操史上的完美。人们把这个时刻称为"金色时刻"，科马内奇则被誉为"奥林匹克体操公主"。有趣的是，由于电脑计分没有设置满分的程序而无法显示10.0的分数，只能以1.0代替。科马内奇的完美表现使得世界体操联合会更改了电脑记分系统。

她在每天12小时体操锻炼、4小时学校学习的紧凑时间中，还成功地掌握5种语言（母语、法语、英语、西班牙语和意大利语），是位文武双全的运动名将。1984年，科马内奇为观众作了最后一次表演，之后宣布退役，同年她荣获奥运会最高荣誉——奥运会精神奖，成为该奖项最年轻的得奖人。至今她仍从事着与体育相关的事业。

迈克尔·乔丹

篮球成就了他，他成就了篮球的辉煌

生卒年：1963—
国　籍：美国
出生地：纽约布鲁克林
身　份：篮球运动员
家　庭：机械师之家
志　趣：各种体育竞赛
性　格：喜欢竞争、敢于挑战

1982年，一个漂亮的进球和一个优美的弧线创造了一个历史性的瞬间，一个接近神话传奇的"飞人"诞生了，他就是上帝创造出来的迈克尔·乔丹。

1963年2月17日，乔丹出生在美国纽约布鲁克林一家天主教医院。他是老乔丹五个孩子中的老四。乔丹从小就热衷于各种体育竞赛，是小学篮球队中的一员虎将。高中时乔丹的运动天才日益显露出来，他以为凭自己的本事完全可以进入校队打主力，教练却说："你个子太矮，反应也不快，打篮球的前途不大。"受挫以后乔丹开始苦练技术，每天他都是第一个到场、最后一个退场练球的人，卖命地训练使他打下了扎实的基本功，技术也日见突出。一年之后，他进入校主力队。

1982年，乔丹带领北卡罗来纳大学队，在离终场还有16秒的最后一刻投中制胜一球，获取美国大学生联赛总冠军。从这一夜开始，乔丹的名字飞向全国。1984年，乔丹加盟芝加哥公牛队，开始了NBA之旅。此后8年，乔丹用实力和努力拯救了公牛的惨败票房，凝聚了人气，鼓舞了士气，最终帮助公牛完成了封王大业。1991年到1993年，乔丹带领公牛队蝉联三次NBA总冠军。1991年公牛首次封王时，乔丹紧抱冠军奖杯热泪盈眶。为了它，乔丹奋斗了8年，而公牛队则经过了25个赛季的艰苦磨炼。

1994年，乔丹的父亲被枪杀，沉痛之余他宣布退出篮坛。1995年3月18日，世界篮坛会永远铭记这一天，乔丹重返篮坛，还给世界和球迷一个惊喜。1996年到1998年，乔丹带领公牛队取得第二个三连冠，再次让世界为之惊叹震撼。1999年1月13日，乔丹在芝加哥正式宣布退役。

迈克尔·舒马赫

F1历史上一座难以逾越的丰碑，被誉为"F1之王"

生卒年：1969—
国　籍：德国
出生地：赫尔斯—赫尔姆海姆

身　　份：F1赛车手
家　　庭：泥瓦匠之家
志　　趣：卡丁车、足球
性　　格：正直诚实

1969年1月3日，舒马赫出生在德国赫尔斯—赫尔姆海姆。他4岁时，父亲罗尔夫将一台小引擎装在一辆废弃的卡丁车上给他玩，从此玩卡丁车成为他生活的一部分。后来，罗尔夫在小城的第一条卡丁车赛道工作，舒马赫有了可以驾驶卡丁车的机会。

1979年在商人诺克的赞助下，舒马赫得到了第一辆属于自己的卡丁车。由于德国规定超过14岁才能参加卡丁车比赛，10岁的迈克尔只能作为特邀车手参加俱乐部冠军赛，在那里他战胜了所有人。1983年他拿到许可证，次年就夺得了国内少年卡丁车锦标赛冠军。1985年他加入阿道夫·纽伯特的车队，再次赢得国内少年卡丁车锦标赛冠军。因为支付不起世界卡丁车锦标赛的昂贵费用，他只能到各地去观看比赛。

1987年，他以极大的优势获得了德国和欧洲两项卡丁车锦标赛冠军，从此正式开始职业赛车生涯。1991年舒马赫开始涉足F1，在乔丹车队参加一场比赛后，加入贝纳通车队。从此开始了15年的F1车赛历程，7次夺得世界总冠军。F1大奖赛累计积分达1 369分，是F1历史上唯一一位积分超过 1 000分的车手。作为F1中最年长的车手，舒马赫已经证明了他是当之无愧的"F1车王"。

2006年，他在参加最后一次F1车赛获得亚军后，宣布退役。

大卫·贝克汉姆

当代足坛最具人气的优秀选手和完美绅士

生卒年：1975—
国　　籍：英国

出生地：伦敦
身　份：足球运动员
家　庭：中产阶层
志　趣：足球、音乐
性　格：有礼、沉默、外向

1975年5月2日，贝克汉姆出生在伦敦东区，父亲爱德华是厨师，母亲是美容师。小贝一家人都是曼联球迷，常跟随红魔去客场看球。小时候的贝克汉姆是个出色的越野跑选手，但他钟爱的还是足球。曾因在足球学校表现出色，赢得了一次去巴塞罗那参加训练课的机会。

1992年，小贝正式成为红魔的职业球员，与吉格斯等人为曼联夺取了青年足总杯的冠军，创造了名动天下的"曼联92一代"。小贝身披24号球衣，踢右后卫，他俊朗的外表和一脚传中的出色表现至今留在球迷记忆里。1996年8月，他在比赛中以一个中场吊射而"一球成名"，这个球在2003年被评为英超10年最佳进球。之后，他率领曼联雄霸英超，并在1999年夺得三冠王（联赛冠军、足总杯冠军、欧洲杯冠军），他自己也一举成为世界上最具人气的足球选手。同年他迎娶爱妻维多利亚，喜得第一个儿子布鲁克林。

2003年，他与教练弗格森发生了"飞鞋事件"，结束了10年的红魔之旅，转会皇马。在皇马他完成了转型，从一名纯粹的右前卫变为中前卫。曾经的黄金右脚和致命弧线因为场上位置变化而不再突出，但球技更加全面。2006年，他辞去英格兰队队长一职。2007年，他与美国职业大联盟球队洛杉矶银河队签约5年。

泰格·伍兹

当今高尔夫球界无可争辩的王者

生卒年：1975—

国　　籍：美国
出生地：加利福尼亚州
身　　份：高尔夫球运动员
家　　庭：军人之家
志　　趣：高尔夫球、篮球
性　　格：坚定执着

1975年12月30日，伍兹出生于加利福尼亚州的塞普雷斯。他的英文名Tiger Woods，字面意思是"丛林老虎"，这一霸气十足的名字似乎预言了他的将来。两岁时他就在电视节目上与喜剧演员鲍勃·霍普一起推杆击球，被誉为天才儿童；5岁时他的名字出现在《高尔夫文摘》上。8岁到15岁，他先后6次拿下少年组世界冠军，又6次夺得美国业余赛冠军（前3次参赛少年组）。

1996年，伍兹正式开始高尔夫球职业生涯。1999年末，他以胜出8项重要比赛的壮举排名世界第一，成为世界焦点。此后3年，进入他的垄断和大满贯时期。他是第一位赢得大满贯的黑人球手，也是最年轻的美国名人赛冠军，曾连续264周世界排名第一。他在职业生涯中获得了30个PGA（职业高尔夫协会）巡回赛冠军，以64次美巡赛冠军追平了昔日的高坛英雄本·霍根。

伍兹是永远的冠军，他让黑皮肤成为贵族运动中的贵族，如今这个贵族的帝国仍然在他的统治下。

斯维特兰娜·霍尔金娜

女子体操的一面旗帜，被誉为"高低杠女王"

生卒年：1979——
国　　籍：俄罗斯
出生地：别尔哥罗德

身　份：体操运动员
家　庭：知识分子
志　趣：体操、读书、表演
性　格：优雅自信、特立独行

霍尔金娜4岁就开始了体操生涯，曾因为个子过高，一度不被看好。后来她遇到了慧眼教练伯里斯·皮尔金，在别人的争议中，皮尔金教练坚持训练高个子的霍尔金娜。1994年，她初次亮相欧锦赛，获得鞍马和高低杠银牌，这坚定了师徒二人必胜的信念。此后，霍尔金娜进军奖牌的道路就没有停止过。

她参加了1994年到2004年的所有世锦赛和欧锦赛，共获得22金10银5铜。自1995年以来，她一直保持着在大型比赛的高低杠项目上不败的纪录。在体操历史上，从未有一人在一个单项上有过如此辉煌的战绩，这背后是高个子的她付出的更多艰苦训练。

1996年在亚特兰大奥运会上，霍尔金娜步以完美的表现获得高低杠冠军。她优雅自信的姿态和完美的表现力打动了全世界，"冰蝴蝶"破茧而出，一个以她的名字命名的女子体操时代开始了。2000年悉尼奥运会，她继续着在高低杠上的统治地位，被誉为"高低杠女王"。由于场地工作人员的失误，她错失了个人全能金牌。2004年的雅典奥运会，霍尔金娜在她从未失手的高低杠上摔了下来，当她重新站起来的时候，用微笑诠释了最后的完美，自此告别体坛。

迈克尔·菲尔普斯

当今泳坛最出色的全能型选手，被誉为"天才神童"

生卒年：1985—
国　籍：美国
出生地：马里兰州

身　　份：游泳运动员
家　　庭：普通家庭
志　　趣：游泳、摇滚
性　　格：斗志昂扬、永不言败

1985年6月30日，菲尔普斯生于马里兰州的巴尔的摩。他从小就喜欢游泳，两个姐姐也都是游泳健将。7岁时父母离婚，他和母亲一起生活，养成了斗志昂扬、永不言败的个性。游泳教练鲍曼发掘了菲尔普斯天才的游泳潜力，鲍曼对他的关爱和引导，让年少的菲尔普斯动力十足，其师徒之谊胜似父子之情。高中毕业后，他几乎每天都在5个小时12英里的刻苦训练中度过。

2000年他入选美国奥运游泳队，获得200米蝶泳第五名，在世界泳坛初露锋芒。2001年，他在福冈世锦赛上赢得职业生涯的第一个世界冠军头衔。而后，他开始在世界泳坛崛起，成为泳坛最出色的全能型游泳选手。2003年在巴塞罗那世锦赛上，他5次打破世界纪录，获4金2银，成功蝉联200米蝶泳冠军。2004年雅典奥运会，他横揽6金2铜，锐不可当。2005年在蒙特利尔世锦赛上，他5次打破世界纪录、包揽5枚金牌。

2007年的墨尔本世锦赛成了菲尔普斯个人表演赛的舞台，几乎所有目光都聚焦在他一人身上。他独揽7金，打破澳大利亚"大脚水怪"索普在2001年福冈世锦赛中缔造的6金纪录，并改写5项世界纪录，至此他已夺得20枚世锦赛奖牌，成为游泳世锦赛历史上单届夺取金牌最多的选手。

2008年在北京奥运会的水立方里，他如愿缔造了8金神话，超越了施皮茨的7金纪录，成为百年奥运历史上最具传奇性的运动员。

玛利亚·莎拉波娃

网坛新崛起的美女明星

生卒年：1987—

国　　籍：俄罗斯

出生地：尼尔根

身　　份：网球运动

家　　庭：中产阶层

志　　趣：网球

性　　格：温柔、倔强

  1987年4月19日莎拉波娃出生在俄罗斯西伯利亚的小城尼尔根。她4岁开始打网球，9岁时便离开家到美国训练。跟所有其他球员一样，她从低级别的赛事起步，14岁开始进军职业网坛。2003年她打入了温网16强，世界排名进入前50。

  2004年是她职业生涯辉煌的一年。在温网决赛中，17岁的莎娃击败美国著名球星小威廉姆斯，摘得了首个大满贯桂冠；随后，她又在伯明翰、韩国、日本三站的WTA（国际女子网球协会）巡回赛中夺冠。在年终总决赛上，她再次击败小威夺冠，世界排名进入前5。2005年，她凭借在各项赛事上的出色表现，终于在18岁的秋天登上女网球后的宝座，成为第一位世界排名第一的俄罗斯女选手。2006年她在印第安维尔斯拿下一级赛事的单打冠军，并夺得美网公开赛的单打冠军，成为全世界收入最高的女子运动员。

  2007年，她因伤病而陷入事业的低谷。经历整整一年的蛰伏，终于在2008年的澳洲网球公开赛上再次崛起，她先后淘汰达文波特、德门蒂耶娃、海宁等强手，势不可挡地摘下了澳网桂冠。做事要做到最好，是父亲对她的要求，也是她的个性。带着这个信念，她在高手如林的竞争中艰难地挺进成功。她曾经多次表示，不会利用自己的美貌作秀，她更看重的是在球场上的成绩。她一定会要求自己做到最好。